ホーエンツォレルン城（ドイツ）。

The World Beautiful Castles & Palaces

世界の美しいお城と宮殿

ONE PUBLISHING

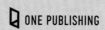

Contents

World Map

Ⅲ East Europe

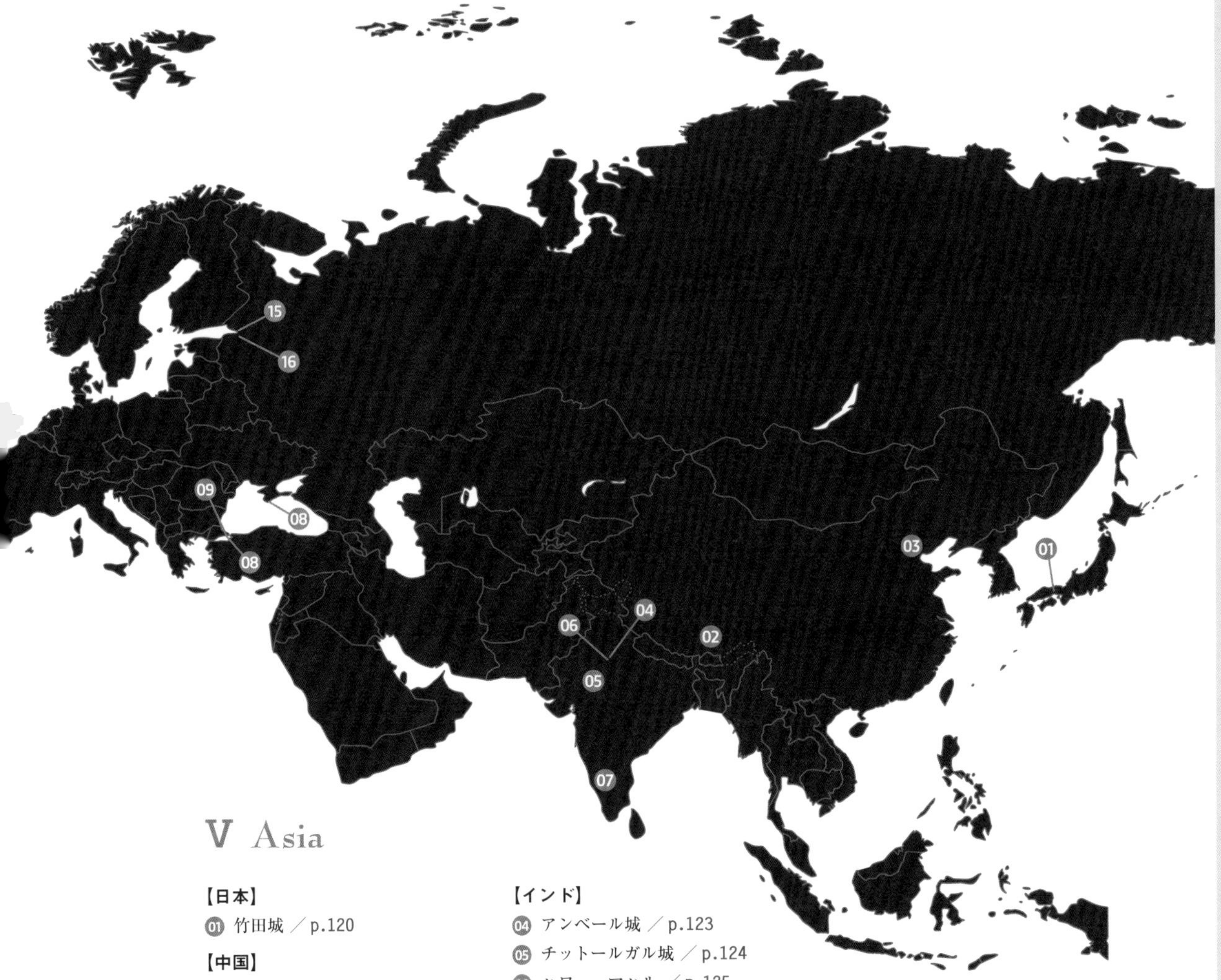

Ⅴ Asia

【城名表記について】日本語以外の城や宮殿の名称は、英語での表記を基準に公式サイトまたは現地自治体で使われている城名を採用しています。

Ⅰ North Europe

Ⅱ West Europe

Ⅳ South Europe

I

North Europe

北ヨーロッパ

質実剛健で格調高い北ヨーロッパのお城と宮殿。
厳しい大自然のなかに建つ、
威風堂々とした城を紹介しよう。

夕暮れに染まるバンバラ城（イギリス）。

夕焼けに照らされオレンジ色に染まるアイリーン・ドナン城。

Eilean Donan Castle
アイリーン・ドナン城

ハイランドの入り江にたたずむ
スコットランド随一の美城

スコットランド北西部のデュイック湖（入り江）に浮かぶ島に建つ小さな城。最初の城は13世紀に建てられたが、18世紀にイギリス政府軍に破壊された。現在の建物は、20世紀に入って再建されたもの。

デュイック湖のほとりにひっそりと建つ、アイリーン・ドナン城。名前はゲール語で「ドナンの島」を意味し、かつてこの地で暮らしていた司教ドナンに由来するといわれる。

満潮時にはまるで湖面に浮かんでいるかのように見え、陸地へとつながる石橋や背景に広がるハイランドの壮大な山々が織り成す幻想的な景観と相まって、「スコットランドで最も美しい城」と称されている。

アイリーン・ドナン城が建てられたのは、十三世紀のこと。当時、この地域で勢力を誇っていたノルウェー王国の軍を、スコットランド王アレグザンダー三世が撃破した際に、功績を挙げた者への恩賞としてこの城を与えたという。その後、城はジャコバイト（名誉革命の反革命勢力）の残党の掃討をもくろむイギリス政府軍の艦隊に攻撃され、一七一九年に陥落し廃墟と化す。

そんな城がかつての姿を取り戻したのは、一九三二年のこと。城にゆかりのあるマックレー家の子孫によって一九一一年に買い取られ、残されていた平面図を基に、約二〇年の歳月をかけて元の姿に修復された。

【上】夕景に映えるライトアップされたアイリーン・ドナン城。静かな湖面に映り込む姿はえも言われぬ美しさで、思わずため息が漏れてしまうほど。【下／左】デュイック湖の水位が下がると湖底が露出し、一変した姿を見せる。【下／右】アイリーン・ドナン城へは、陸と湖上の島とを結ぶ石橋を利用して向かうことができる。

Recommend

|ハイランドの自然に触れる|

アイリーン・ドナン城が建つハイランド地方は、名前のとおりの高地。フィヨルドやイギリス最高峰のベン·ネビス山(1345m)、周囲に点在する湖など、荒涼とした大地が広がる幻想的な景観は、まるでファンタジーの世界そのものだ。

|アーカート城|

城から車で東へ1時間ほどのネス湖畔に、荒れ果てた古城、アーカート城がある。13世紀に築城され、スコットランド独立戦争の舞台となった歴史ある城で、現在もなお、怪物伝説で知られるネス湖とともに、幻想的な雰囲気を漂わせている。

Dunnottar Castle

ダノター城

スコットランドの歴史を見守り続ける
絶壁の上に建つ城

スコットランド北東部の町ストーンヘブン郊外に建つ城。スコットランドの南北を結ぶ要衝に位置し、国の歴史を見つめ続けてきた由緒ある城だ。

Recommend

|愛らしい鳥、パフィン|

鮮やかなオレンジ色や黄色のくちばし、目の周りの派手な模様から、「海のピエロ」とも呼ばれる海鳥、パフィン。岩場を好むこの鳥は、ダノター城付近でも春から初夏にかけて見られるので、訪れた際にはこの愛らしい鳥をぜひ探してみて。

北海に面したスコットランドの港町、ストーンヘブン。その郊外にあるダノター城は、海にせり出した巨大な岩山の上にたたずむ廃城だ。ここには、かつてスコットランドがローマ帝国に支配されていた時代から、ピクト人と呼ばれる人々が居住していた。そして五世紀頃、彼らにキリスト教を伝えるために訪れた宣教師、聖ニニアンによりスコットランドで最初の教会が建てられた。七世紀になると、バイキングの侵略に備えて岩造りの砦《とりで》に改築されるのだが、ダノター（Dunnottar）の「dun」がピクト語で「砦」を意味するのは、このことに由来している。

十四世紀にマリシャル伯爵家の居城として現在の城が築かれ、十七世紀まで増改築が続いたが、イングランドの清教徒革命の指導者であるオリバー・クロムウェルによるスコットランド侵攻の際に落城すると、その後は長らく放置されていた。

廃墟となったダノター城が再び日の目を見るのは、二十世紀に入ってから。城を購入した地主ピアソンに修復されると、その美しい姿に魅かれ多くの人々が訪れるようになった。

ドラマチックな立地から、メル・ギブソン主演で1990年に公開された映画「ハムレット」の舞台にもなったダノター城。

Kilchurn Castle
キルカーン城

**中世の厳かな雰囲気をまとった
湖に浮かぶ幻想的な廃城**

スコットランド中西部のオー湖に浮かぶ小島の上に、古色蒼然とした姿でたたずむ城。18世紀に落雷で激しく損傷し、そのまま放置され廃城となった。

Recommend

| オー湖 |

スコットランドでは、氷河の浸食などでできた細長い氷跡湖や入り江のことを「ロッホ（loch）」と呼ぶ。城が建つオー湖（Loch Awe）はスコットランド最長の淡水湖として知られ、点在する島々には多くの城や教会が建ち、美しい景観を織り成している。

スコットランド最大級の淡水湖、オー湖周辺の領主コリン・キャンベル卿によって、一四五〇年頃に建設が始まったキルカーン城。彼の死後も、十七世紀まで城の拡張は続き、城主が代わるたび改築が重ねられた。

オー湖に浮かぶ小島の上に建つ城は、不規則な形の中庭に沿って五階建てのタワーハウスがあったり、城の南側に平屋建てのホールがあったりと、建物同士をつなぎ合わせるように造られているのだが、それらが違和感なく調和した不思議な城館だ。

ジャコバイト蜂起など激動の時代を迎えた十七世紀後半には、軍の駐屯地として使用された歴史もあり、その際に新たに中庭に増設された兵舎は、イギリスで現存する最古の兵舎として知られている。

一七六〇年、落雷に遭って激しく破損したキルカーン城は、長らく放置され廃墟となっていたが、歴史遺産を保護・管理する団体「ヒストリック・スコットランド」によって復元された。キルカーン城へは湖畔から蒸気船が出ているほか、近くの村から歩いていくこともできるが、冬期は閉館しているのでご注意を。

秋の山を背に、孤高のたたずまいで湖上に浮かぶキルカーン城。アクセスが悪いため、ツアーかレンタカーで向かうのがお薦めだ。

夕暮れ時のストーカー城は幻想的な雰囲気だ。

Castle Stalker
ストーカー城

ハイランドの典型的な風景として愛される中世の城

スコットランド西部のアーガイル・アンド・ビュートにあり、中世に起源をもつ城。小さな島の上に建つ絵に描いたような美しい城で、スコットランドに残る中世の建物のなかでも特に保存状態が良いことで有名。

リニ湾の入り江に浮かぶストーカー城。その美しさから、スコットランドを代表する景勝地として知られるほか、イギリスの代表的なコメディグループ、モンティ・パイソンの映画『モンティ・パイソン・アンド・ホーリー・グレイル』で使用されたことでも有名だ。

中世〜近世のスコットランドにおける社会制度で、現在も続く社会的・文化的伝統である「スコットランドの氏族」。そのひとつであるマクドゥーガル一族が一三二〇年に建てた城が始まりとされ、その後、一三八八年にスチュアート侯が引き継いで改装し、現在の形になった。

また、一六二〇年頃には、当時のスチュアート侯とスコットランド氏族のキャンベル侯が酔った勢いで城を賭け、その賭けに勝ったキャンベル侯が城の所有者となったという逸話も残されている。

こうして所有者を変えてきた城は、一八四〇年にキャンベル一族が所有を放棄して以降、荒廃。しかし、二〇世紀に民間人の手に渡ると修復され、見事復元された。現在は夏の一時期のみ一般に開放されている。

【上】風がなく天気の良い日には、まるで鏡のように上下対称に水面に映り込む城の絶景を見ることができる。【下／左】上空から見たストーカー城。近くまではカヤックやボートで行くこともできる。【下／右】4階建てでシンプルな造りのストーカー城。なお、「ストーカー」とは、スコットランド・ゲール語で「猟師」や「鷹匠」を意味する言葉に由来するという。

Recommend

| タイダル・アイランド |

普段は海によって隔てられている陸地と島が、干潮時になると砂州によってつながり、陸繫島となる「タイダル・アイランド」。このストーカー城もタイダル・アイランドであり、タイミングが合えば、歩いて島に渡るという貴重な体験ができる。

| ナショナル・シニック・エリア（NSA）|

スコットランドにある40の指定景勝地、ナショナル・シニック・エリア（NSA）。ストーカー城はそのひとつリン・オブ・ローン国立景勝地に含まれ、絵ハガキやカレンダーにもよく登場するなど、ハイランド地方の典型的な風景として愛されている。

町の中心にある公園、プリンシズ・ストリート・ガーデンズからエディンバラ城を仰ぎ見る。中央は彫刻が見事なロス噴水。

Edinburgh Castle
エディンバラ城

岩山の上にそびえる
スコットランドを代表する巨城

スコットランド東岸に位置する大都市エディンバラ。町のシンボルで、キャッスル・ロックと呼ばれる岩山の頂上にそびえるエディンバラ城は、要塞としての起源が古代までさかのぼる歴史ある巨城だ。

イギリスを構成する国のひとつであるスコットランドは、一七〇七年のイングランド併合まで、長きにわたり独立を守ったひとつの王国だった。その首都エディンバラを見下ろすようにして、急峻な岩山の上にそびえるのがエディンバラ城だ。その起源は紀元前の鉄器時代に建てられた砦《とりで》に始まり、後にスコットランド王の居城として幾度となく行なわれたイングランドとの戦争により次第に要塞化し、スコットランド軍の拠点として強大な防衛力を誇った城だ。

城内にはこうした歴史を物語る堅牢な城壁や大砲などが残るほか、城門には今もスコットランドの民族衣装に身を包んだ衛兵が立ち、午後一時(日曜を除く)に空砲が発射される「ワン・オクロック・ガン」と呼ばれる儀式が受け継がれている。

広大な敷地内には、城内最古のセント・マーガレット礼拝堂、王家に伝わる三つの戴冠用宝器などが展示されるクラウン・ルーム、悲劇の女王メアリー・スチュアートの部屋など、見どころも豊富。また、頂上からは、旧市街と「都市計画の傑作」と称される新市街を一望できる。

【上】町のように巨大な城を堅固な城壁がぐるりと取り囲むエディンバラ城。夜はファンタジーの町、エディンバラを象徴する幻想的な雰囲気に包まれる。【下／左・右上】1511年、ジェームズ4世の命で建てられたグレート・ホール。スコットランド議会の会議場としても使われた（John Gress Media Inc / Shutterstock.com）。【下／右下】「ワン・オクロック・ガン」の様子（padchas / Shutterstock.com）。

Recommend

| ミリタリー・タトゥー |

毎年８月に開かれるスコットランド駐留部隊のパレードで、夏の風物詩となっているミリタリー・タトゥー。伝統衣装のキルトを身につけた軍楽隊がバグパイプを演奏し、ハイランドダンスが披露される光景は圧巻。（P Gregory / Shutterstock.com）

| ホリールードハウス宮殿 |

城から延びる石畳の道、ロイヤル・マイルの終点にある、現女王エリザベス２世がスコットランドを訪れる際の公邸。かつてのスコットランド王の住居だが、特にメアリー女王の居城として知られ、その治世に起こった数々の悲劇の舞台となった。

高さ約45mの高台の上に建つバンバラ城。考古学の発掘調査も行われており、過去には7〜8世紀の遺体が100体以上も発掘された。

Bamburgh Castle

バンバラ城

初代アームストロング男爵によって大改装された
北海を望む高台に建つ海辺の古城

北イングランドのノーサンバーランド州バンバラ村にあり、北海を望む高台に建つ城。5世紀に起源をもち、ノーサンブリア王の居城として利用後、19世紀に初代アームストロング男爵の所有となった。

スコットランドとイングランドの境付近、北海を望む高台にそびえるバンバラ城は、広大な砂浜を見下ろすようにして建つ堅牢な古城。ここにはもともと先住民族の砦《とりで》があったとされ、五四七年にアングロ・サクソン王アイダの所有となると、石造りの城に改築された。城名は、アイダの孫エセルフリスの妻ベッバ（Bebba）にちなんだものだという。

九九三年、城はこの地に侵攻してきたバイキングに破壊されるが、彼らにより新しい城が築かれ、その建物が現在の城の中核となった。

十一世紀になると城はイングランド王の所有に戻り、長きにわたりスコットランドの侵入を監視、一六一〇年に王室の番人の所有となった。

しかし十七世紀、財政難から城が劣化すると、さまざまな所有者の手に渡り復元・改築が繰り返された。最終的には一八九四年、アームストロング砲の開発で有名な実業家ウィリアム・アームストロング（初代アームストロング男爵）に買い取られ、大規模な改築を経て現在の姿になった。城は現在もアームストロング家の所有で、一般に公開されている。

【上】大きく潮が満ちる際は城の周囲まで海水が上がり、まるで海の上に浮かんでいるかのような幻想的な光景が現れる。【下／左】天井の細かい装飾が圧巻の「キングズ・ホール（王の広間）」（Peter James Sampson / Shutterstock.com）。【下／右】春には周囲の草原にいっせいにブルーベルが咲き、とてもロマンチックな雰囲気に。

Recommend

| セント・オズワルドの道 |

リンディスファーン島からヘヴンフィールド村まで続く、全長156kmの巡礼路「セント・オズワルドの道」。バンバラ村（写真）はそのルートの途上にあり、美しい自然景観と相まって近年人気となっている。（David Steele / Shutterstock.com）

| 古城めぐり |

バンバラ城周辺は古城が多数点在する、お城巡りには最適なエリア。約14km南にある古代の要塞ダンスタンバラ城、約8km北のリンディスファーン城（写真）、約26km南にあるノーサンバーランド公爵の本拠地アニック城など、見どころ満載だ。

07
イギリス

静かな湖と緑に囲まれたリーズ城。気品の漂うその姿は、まさに貴婦人の風情そのもの(malgosia janicka / Shutterstock.com)。

Leeds Castle
リーズ城

「貴婦人の城」と称される
ロマンチックな湖上の城

イングランド南東部、ケント州の都市メードストンにあるリーズ城は、6人の王妃が住まいしたことから「貴婦人の城」として知られる。手入れの行き届いた庭園と黒鳥をはじめとする鳥のコレクションも見どころだ。

「世界で最も愛らしい城」と称されるリーズ城は、八五七年に創建の後、ノルマン人により石造りの城となる。一二七八年にイングランド王エドワード一世夫妻の宮殿になって以降、三〇〇年間にわたってイギリス王室の王宮として使用され、増改築を繰り返しながら現在の姿へと至った。

　中世になると、生涯で六度も結婚したことで有名なヘンリー八世の最初の妻、キャサリン・オブ・アラゴンをはじめ、六人のイングランド王妃が暮らしたことから、城はやがて「貴婦人の城」と呼ばれるようになる。また、ヘンリー五世の后であるキャサリン・オブ・ヴァロワなど、フランス王家出身の三人の后たちにより、城内にはフランス風の洗練された装飾が施されていった。当時の寝室や木製の風呂、王妃の歩廊、礼拝堂などが今も残されている。

　湖上に浮かぶリーズ城の外観は優雅そのもので、広大な庭園や併設された鳥舎のほかにも、敷地内にはさまざまな施設が点在しており、巨大迷路、ゴルフコース、鷹狩りショーなど、盛りだくさんのアトラクションも人気だ。

【上】紅葉で彩られたリーズ城の庭園。広大な庭園では、クジャクや黒鳥、白鳥など、数多くの鳥たちが自由に歩き回ったり羽を休めたりしている。【下／左】上空から見たリーズ城。【下／右上】壁面がぎっしりと本で埋め尽くされた図書室（malgosia janicka / Shutterstock.com）。【下／右下】最後の城主となった、レディ・ベイリーの寝室（Natharsha / Shutterstock.com）。

Recommend

中世の港町「ライ」

城の南、車で約1時間のライは、南東イングランドで最も美しい町と称され、旧市街には中世の街並みが残る。特にアンティーク・ショップが充実し、ヴィクトリア朝時代のレース細工や銀食器など品ぞろえも豊富。（Melinda Nagy / Shutterstock.com）

カンタベリー大聖堂

リーズ城の東、車で約40分の場所に位置する町カンタベリー。中心にはイギリス国教会の総本山である、カンタベリー大聖堂がそびえる。世界遺産にも登録されているゴシック建築の傑作で、数々の歴史の舞台となった建物は必見の美しさだ。

Rock of Cashel

ロック・オブ・キャッシェル

聖パトリックと魔王の伝説が残る天空の城

アイルランド中南部の小さな町キャッシェルにある、丘の上に建つ城。歴代マンスター王の居城で、廃墟となった今もなお当時の威厳を保ち続けている。

Recommend

|ホア・アビー（ホア修道院）|

城の西約500mの場所に、中世アイルランド最後のシトー派修道院で、1270年建造の「ホア・アビー（ホア修道院）」の廃墟がある。周囲の牧草地では牛が草をはむ牧歌的な風景や、遠くにたたずむロック・オブ・キャッシェルの美しい姿を眺められる。

アイルランド中南部、マンスター地方の小さな町キャッシェルに、ひときわ存在感を放ちながら岩山の上に堂々とそびえる石造りの堅牢な城、ロック・オブ・キャッシェルがある。

別名「聖パトリックの岩」とも呼ばれるこの城には、かつてアイルランドの守護聖人である聖パトリックに追われた魔王が、高山デビルズ・ビットの岩をかみ砕き、それを吐き出した石からできたという伝説が今も残されている。

この城はかつてのマンスター王の居城であるとともに、五世紀半ばにアイルランドでキリスト教の布教を始めた聖パトリックがこの岩山で王に洗礼を授けたことから、アイルランドにおけるキリスト教の中心地としても機能した。

標高九〇メートルの岩山の上には、十二～十五世紀にかけて造られた中世の城や大聖堂、墓地などが密集して建っている。荒廃し、廃墟と化した建物もあるが、一部は復元され中世当時のホールが再現されている。

城では無料のガイドツアーに参加でき、敷地内を回りながら詳しい説明を聞くことができる。

小高い丘の上に建つロック・オブ・キャッシェル。周囲はゴツゴツとした岩肌がむき出しになっている。

Frederiksborg Castle
フレデリクスボー城

湖上に浮かぶ
デンマーク随一の美城

コペンハーゲン北西の町、ヒレロズにある城。16世紀にフレデリク２世が貴族から購入後、息子のクリスチャン４世がルネサンス様式に改築した。

Recommend

| フレデリクスボー城のバロック庭園 |

城の裏手に広がる広大なバロック様式の庭園も、見逃せない見どころ。この庭園は1700年代に建設された後、1996年に再建されたもので、特にここから見るパラス湖上に浮かぶ城は最も有名で、絶好の撮影スポットだ。（Kiev.Victor / Shutterstock.com）

パラス湖に浮かぶ三つの島の上に建つフレデリクスボー城は、もともとあった貴族の館を、デンマーク＝ノルウェーの国王フレデリク二世が十六世紀中頃に購入し、改築したことに起源をもつ。

現在の建物の大部分は、息子のクリスチャン四世が一六〇二〜一六二〇年にかけて、オランダ人建築家に命じて大幅に手を入れさせたもので、現存する北欧諸国最大のルネサンス様式の宮殿として知られる。

一六四八年にクリスチャン四世が亡くなると、宮殿は主に戴冠式や聖別式といった公式行事が行なわれる場になった。また、国王一家が収集したコレクションの保管庫としても使用され、国家的記念館ともいうべき存在となる。

一八五九年、火災で大部分が焼失するが、ビールで有名なカールスバーグ財団が資金を提供。現在は国立歴史博物館として公開されている。室内には装飾品や絵画が並び、当時の王室の繁栄がしのばれる。特に、現在も王室の結婚式などに使用されている「勲位のチャペル」と呼ばれる教会は一番の見どころだ。

最大の見どころである、「勲位のチャペル」。現在は地元の教会として利用されている（Andrey Shcherbukhin / Shutterstock.com）。

Column 建築様式について

◆建築様式とは？

建築様式とは、ある一定の時代や地域、文化、宗教、技術などの要因により固有かつ統一感のある表現が生まれ、その共通性を抽出することで定義されるものである。

つまり、建築は時代の変遷とともに新しい要素を取り入れながら姿を変えていき、それが様式の違いとなって表れるということになる。しかし、これはどのようにも細分化でき、また、論者によって抽出の方法も様々なので、建築様式は無数にあるといえるだろう。

そのなかでも、ヨーロッパ建築の流れで一般的かつ主流として挙げられるのが、ギリシャ、ローマ、ビザンティン、ロマネスク、ロココなど。ヨーロッパにおける建築様式は神殿や教会、城や宮殿のために発展し変化し続けてきたという歴史をもっている。また、かつて流行した建築様式が復活したり、再解釈されてきたりという側面もあり、18～19世紀の新古典主義などは古代ギリシャへの回帰が見られた。

ここでは本書で取り上げた城や宮殿にも多く用いられている、ヨーロッパ文化のなかで育まれてきたゴシック、ルネサンス、バロックの３つの建築様式について、その歴史や特徴を簡単に紹介する。

◆ゴシック建築様式

世界最大級のゴシック建築として知られている、イタリア・ミラノのドゥオモ。ゴシック建築は12世紀後半のフランスで、ロマネスク建築の要素をさらに発展、洗練させた様式。尖塔アーチや飛び梁（フライング・バットレス）、リヴ・ヴォールト、非常に細い柱などの構成要素が特徴だ。歴史的区分としては1150～1500年頃までに用いられていた様式のことを示す。

◆ルネサンス建築様式

ルネサンス建築を代表する、イタリア・フィレンツェのサンタ・マリア・デル・フィオーレ大聖堂。ルネサンス建築は1420年代にフィレンツェで生まれ、17世紀初頭まで続いた。古典古代を理想とし、古代ギリシャ・ローマの建築を範として構成的かつ対称性を強く意識した形態美が追求された。ギリシャ建築に多い、オーダー（柱と梁の構成）が再び用いられている。

◆バロック建築様式

バロック建築の傑作と名高い、オーストリア・ウィーンのベルヴェデーレ宮殿。バロック建築とは1590年頃から盛んになった建築様式で、調和と均整を基本とした静的なルネサンス建築に対し、動的で視覚的な刺激を求める動きから始まったという。ポルトガル語の「Barocco（歪んだ真珠）」が語源といわれ、グロテスクなまでの装飾過多に対する蔑称だったとされる。

Column　中世ヨーロッパの城事情

◆ヨーロッパにおける城の変遷

　ヨーロッパにおける城の構造や用途の歴史は、中世から徐々に変化してきた。それまで城は防衛・避難するための建物であり、その構造も避難スペースの周囲を木の柵と土壁で囲んだ程度の簡素なものだったという。それが「城」と呼べるようになったのが、10〜11世紀頃のことだ。

　フランク王国の分裂後、ノルマン人やマジャール人の侵攻や、各地に新興勢力が台頭するなかで、領主は自身の領地の拠点を必要としていた。丘や盛り土の上に砦（とりで）を築き、キープ（天守塔）や住居スペース、貯蔵庫などを備えたこの築城形式は「モット・アンド・ベーリー（丘と曲輪）」と呼ばれ、北フランスのノルマンディー地方で誕生して各地に広がっていった。後にほとんどの町が城壁も有する城郭都市となり、石造りの城も増えていった。13世紀には強固な城門や監視などを行なう側防塔が備えられ、住居用の建物が城壁に内接する「カーテンウォール式城郭」が誕生した。

　しかし、15世紀以降に要塞と住居は分離され始め、要塞は攻めにくく守りやすい「星形要塞」へと進化を遂げる。一方住居は、防衛機能よりも豪華さなどの見た目を重視した、優雅で華やかな現在の一般的なイメージといえる城へと変化していった。

5世紀
西ローマ帝国滅亡に伴い、各地の領主による住居の防御が始まる。

7世紀
避難用スペースとしての砦が築かれるようになる。

9世紀
フランク王国が分裂。ノルマン人やマジャール人の度重なる侵入を防ぐため、砦は柵と堀を備えた軍事要塞となる。

10世紀
モット・アンド・ベーリーという築城形式が興隆。築城ブームが始まる。城に政治の中枢が置かれるようになる。ロマネスク建築の登場。

11世紀
木造から石造りへと変化。石壁には塔が備えられ、より守りが強固に。

12世紀
ゴシック建築の登場。集中式城郭と呼ばれる城を中心に二重以上の城壁が取り囲む築城形式の発達。

14世紀
火薬の発明・普及により誕生した大砲による攻城に耐えられない城が増え始め、城塞の衰退が始まる。

15世紀
ルネサンス建築の誕生。城にも居住性が求められ始め、城塞は宮殿へと変化していく。要塞部分と住居部分が分離され、堅固な中世の城は数を減らす。

モット・アンド・ベーリー形式で建てられている、イギリス・イングランドのローンセストン城。

イギリス・ウェールズ北西部のアングルシー島にある、集中式城郭のビューマリス城。

星形要塞の代表格のひとつである、オランダのブルタング要塞。三重になった星形が特徴。

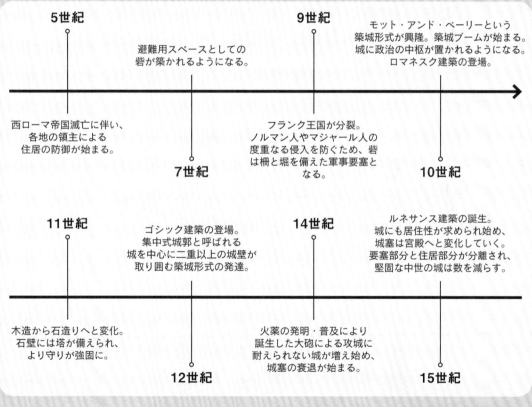

山頂にそびえ建つホーエンツォレルン城（ドイツ）。

Ⅱ

West Europe

西ヨーロッパ

勢力を競い合うようにして大国が築いた
豪華絢爛な宮殿や城塞が集う、
西ヨーロッパの城を紹介しよう。

Palace of Versailles
ヴェルサイユ宮殿

太陽王・ルイ14世が造った
町のように巨大なバロック宮殿

パリ南西の町ヴェルサイユに建つ、バロック建築を代表する宮殿。贅の限りを尽くした宮殿と噴水庭園はフランス絶対王政の象徴的存在で、1979年に「ヴェルサイユの宮殿と庭園」として世界遺産に登録された。

【上】「王の中庭」を囲むようにして建つヴェルサイユ宮殿。中央２階部分に王の部屋がある。【左ページ】17の窓と17の鏡で構成された宮殿を象徴する「鏡の間」。儀式や外国の賓客（ひんきゃく）に謁見する際に使用された（Takashi Images / Shutterstock.com）。

世界に名だたるヴェルサイユ宮殿は、一六二四年にフランス王ルイ十三世が狩猟用の館として森に囲まれたヴェルサイユの地に建てたことに始まる。宮殿が現在の姿になったのは、「太陽王」の異名で知られるルイ十四世の時代。衛生状態の悪いパリのルーブル宮殿を嫌った王は、田園地帯のヴェルサイユにある父が築いた館の増改築に着手し、その意匠を王宮建築家たちに依頼したのである。第一次、第二次の増築は建築家ルイ・ル・ヴォーが担当し、彼の死後は、ジュール・アルドゥアン＝マンサールがその任を引き継ぐこととなった。

宮殿の建設は一六六一年に開始され、五十年以上もの歳月をかけて完工した。宮殿としてだけでなく政府機関の機能も担っていたヴェルサイユ宮殿には、その広大な敷地内に、宮廷関係者約二万人と一万四〇〇〇人にも上る従者や兵士たちが住んでいたといわれており、宮殿自体がひとつの町のような役割を果たしていた。

広さ約一〇〇万平方メートルの美しい平面幾何学式庭園は、「王の庭師」と呼ばれたアンドレ・ル・ノートルによって造営され、ルイ十四世は自ら作業現場に足を運んだ。彼はこの庭園を民衆に開放し、毎晩のように祭典を催したという。

「朕は国家なり」と称し、世界に覇を唱えるために国が傾くほどの富を投入して壮大な宮殿を築いたルイ十四世。各地の王を宮殿に招き、貴族を宮殿内に移住させ、王の力を世界に知らしめるという思惑は見事に結実したのである。

【右ページ】
【上】宮殿の南側に位置するオランジュリー（温室）。ポルトガルやイタリアから取り寄せたオレンジやレモンの木などが保存され、冬は建物内で、夏は花壇で管理された。【下】王室礼拝堂。1770年には、ルイ16世とマリー・アントワネットの結婚式が執り行なわれた（Tung Cheung / Shutterstock.com）。

【左ページ】
【左】「王妃の寝室」。最後に使用したのはマリー・アントワネットで、現在の内装は彼女が使用した当時のものが再現されている（walter_g / Shutterstock.com）。【中】宮殿のほぼ中央に位置する「王の寝室」。ルイ14世は1715年にここで息を引き取った。【右】緑色を基調とした「王太子の寝室」（Cosmin Sava / Shutterstock.com）。

Recommend

| マリー・アントワネットが愛した「王妃の村里」|

ポンパドゥール夫人の離宮、プチ・トリアノンを譲り受けたマリー・アントワネットは1783年、隣の狩猟場に「王妃の村里」と呼ばれる農村の集落を模したイギリス式庭園を造り、宮廷から離れた田園生活を求めよく訪れたという。（V_E / Shutterstock.com）

| ノートルダム・マルシェ広場 |

宮殿から徒歩15分にあるノートルダム・マルシェ広場。専門店が立ち並ぶ18世紀建造の屋内マルシェと、「マルシェ広場」と呼ばれる屋外マルシェで構成された、国内でもトップクラスの歴史と規模を誇る市場だ。（Pack-Shot / Shutterstock.com）

「栄光の中庭（白馬の中庭）」を囲むようにして建つフォンテーヌブロー宮殿（sergey pozhoga / Shutterstock.com）。

Palace of Fontainebleau

フォンテーヌブロー宮殿

800年にわたり歴代の王が愛した フランス最大の宮殿

パリ郊外の町、フォンテーヌブローに建つ宮殿。かつての王の狩猟場フォンテーヌブローの森に造られたフランス最大の宮殿で、800年にわたって歴代フランス王が住まいした。1981年に世界遺産に登録された。

王侯貴族の狩猟場だったフォンテーヌブローの森に最初の城館が建てられたのは、十二世紀頃のこと。その後、十六世紀にフランソワ一世がイタリアからレオナルド・ダ・ヴィンチなどの芸術家を招き、フランス初の本格的なルネサンス様式となる宮殿を築いて居城としたのが、現在のフォンテーヌブロー宮殿の基礎となっている。内装や庭園は、イタリアのマニエリスム様式をフランス式に解釈し直したもので、以降も歴代の王によって増改築が行なわれた。

その結果、フランス最大の贅を尽くした宮殿となったが、十八世紀末にフランス革命が起こると宮殿は荒廃。しかし、革命後に皇帝となったナポレオン・ボナパルトは、宮殿を見て「これこそまさに王の宮殿なり」として、修復と改築に着手し、自らの権力を象徴する宮殿へと造り変えた。当時ヨーロッパ全土を席巻する勢いで進撃を続けていたナポレオンが、つかの間の安らぎを求めたのがこの宮殿だったという。

約八〇〇年にわたって王家に愛されてきたフォンテーヌブロー宮殿は、現在は人々の憩いの場となっている。

【上】「フランソワ１世の回廊」。両側はフレスコ画と彫刻で埋め尽くされ、その出来映えに満足したフランソワ１世は他人を通らせなかったという(Takashi Images / Shutterstock.com)。【下／左】歴代王妃が暮らした豪華絢爛な「王妃の寝室」(V E / Shutterstock.com)。【下／右】フランソワ１世の命により16世紀に完成した「三位一体の礼拝堂」（Jacky D / Shutterstock.com)。

Recommend

| フォンテーヌブロー宮殿の庭園 |

宮殿と共に世界遺産に登録されている庭園は、全長1200mの大運河を中心に、2種類の様式が共存する珍しい庭園。ルネサンス様式の庭園は、フランソワ1世とアンリ4世により、イギリス式庭園はナポレオン1世により整備された。

| フォンテーヌブローの森 |

町をぐるりと囲むようにして広がるフォンテーヌブローの森は、約１万7000haにも及ぶ広大な森。パリジャンの散策の場として愛されており、サイクリングやハイキングからクリ拾い、キノコ狩りまで、季節に応じてさまざまな楽しみ方がある。

Château du Haut-Kœnigsbourg
オー・クニクスブール城

**標高755mの頂にそびえる
中世の城塞**

フランス北東部、バ・ラン県にある城塞。ヴォージュ山脈の標高755mに建つ要塞として12世紀に建造された後、廃墟となるも20世紀に復元された。

Recommend

| 中世の可愛い町、コルマール |

城の南22kmにあるコルマールは、第２次世界大戦の舞台となったアルザス地方で、幸いにも破壊を免れ古い街並みが残された。アルザス独特の木骨組みのカラフルな家々が立ち並ぶ街並みは、スタジオジブリのアニメ映画『ハウルの動く城』のモデルといわれる。

ドイツとの国境に接するアルザス地方。特に国境のライン川に沿って連なるヴォージュ山脈は、古くから戦略上重要な場所だった。その標高七五五メートル地点に建つオー・クニクスブール城もまた、交易路を見張る要塞として、神聖ローマ帝国により十二世紀に建てられた。

十五世紀にはティエルシュタイン伯に領地として与えられるも、彼の死後は再び神聖ローマ皇帝マクシミリアン一世の手に戻る。そして一六三三年、三十年戦争の際にスウェーデン軍の攻撃を受け廃墟となると、二世紀以上にわたり放置された。

一八七一年、アルザス地方がドイツに編入されると、ドイツ皇帝ヴィルヘルム二世の命により、一九〇〇年から大規模な修復が行なわれ、元の姿を取り戻したのである。

山頂にそびえる凛々しい外観のほか、城内では豪華な皇帝の居室や食糧庫、武器庫、礼拝堂、塔など中世の生活を垣間見ることができ、特に塔の上から眺めるアルザスの美しい風景から、年間数十万人が訪れるフランスで最も観光客の多い名所のひとつになっている。

赤砂岩でできたヴォージュ山脈の切り立った岩壁を掘って造られたことから、全体的に赤い色をしている。

水をたたえた広い堀の中に直接建てられている、シュリー・シュル・ロワール城。

Château de Sully-sur-Loire

シュリー・シュル・ロワール城

広大な堀に浮かぶ
ロワール渓谷東端の城塞

ロワール渓谷の東端にあり、14世紀末にロワール川のほとりに建てられた中世の要塞。城を囲む広大な堀や塔など、当時の風格を今も漂わせている。

Recommend

| ムーラン城 |

シュリー・シュル・ロワール城の南西近郊に位置し、15世紀末建造の赤れんが造りのかわいらしいファサードが印象的なムーラン城。また、庭園に植えられた多種多様なイチゴでも知られている。（StockPhotoAstur / Shutterstock.com）

シュリー・シュル・ロワール城は、フランス王アンリ四世の宰相だったマクシミリアン・ド・ベテュヌをはじめとする、歴代シュリー公爵の居城として使用されてきた。その起源は、ロワール川を渡ることができ、陸路・水路が交わる交通の要衝だったこの地を守るために、十一世紀初期に築かれた要塞だと考えられている。

その後、一二一八年にフランス王フィリップ二世が建物を築き、さらに一三九五年に新たな領主となったラ・トレモイユ家が、ロワール川の往来の安全を図るために、現在の城の基礎となる四つの塔を建立した。そして一六〇一年、当時のシュリー公マクシミリァン・ド・ベテュヌがこの城を購入して大規模な工事を実施。特に、ロワール川の氾濫から町を守るために堤防が強化された。

以降、四世紀近く城はシュリー公一族が所有していたが、一九六二年にロワール県の管理下となり、荒廃していた城は修復が施された。

堅固な外観をもつ一方、城内は豪華な大広間や王家の寝室、十七世紀に織られた多くのタペストリーなど、優雅な雰囲気に満ちている。

Château de Chambord
シャンボール城

フランソワ１世が狩猟用に建てた
ロワール渓谷最大規模の城

ロワール渓谷最大の規模を誇るシャンボール城。「シャンボールの城と領地」として単独で世界遺産に登録されていたが、2000年に「シュリー＝シュル＝ロワールからシャロンヌまでのロワール渓谷」に編入された。

【上】シャンボール城の正面ファサード。中央の主塔と城郭の４つの塔を中心に構成されている（Tomsickova Tatyana / Shutterstock.com）。【左ページ】ライトアップされた夜のシャンボール城。コッソン川に映り込む様はため息の出る美しさ。

フランス中部の街シャンボールに建ち、ロワール渓谷にある数百におよぶ古城のなかでも、最大規模の威容を誇るシャンボール城。古典的なイタリアの建築様式に伝統的な中世フランス様式を取り入れており、フレンチ・ルネサンス様式の最高傑作と称される優雅な城だ。

着工は一五一九年で、もともとはこの地を統治していたブロア伯の城館だったものを、当時の国王フランソワ一世が、狩猟用の邸宅として大々的な増改築に着手した。

その部屋数は四四〇にも及び、見る者を圧倒する一二八メートルの壮麗なファサード、繊細な彫刻が施された八〇〇以上もの柱、精巧に飾られた屋根をはじめとする建築様式や装飾には、王のルネサンス芸術に対する情熱が強く反映されている。

特に、城の中央に配された有名な二重らせん階段は、上る人と下りる人がすれ違うことのないように巧妙に設計されており、王と交友の深かったレオナルド・ダ・ヴィンチの発想を取り入れたものといわれている。

その後、多くの王によって増改築が行なわれたが、特に、ルイ十四世はこの城を大変気に入り、現在のような形に完成させた。

全長三二キロの城壁に囲まれた城の敷地内には、一〇〇〇〇ヘクタールもの森が広がっている。一九七四年に造営された、狩猟専用地と野生動物保護区から成るこの広大な公園には、野生動物も生息しており、散歩やサイクリングなどを楽しむ人々でにぎわっている。

【右ページ】
【上】シャンボール城の屋根。見事な装飾が施された365本もの塔は、各部屋の暖炉につながっており、煙突の役割を果たしていた。【下】豪華な装飾が施された、ルイ14世の寝室（saiko3p / Shutterstock.com）。

【左ページ】
【左】二重らせん階段の天井。フランソワ1世のイニシャル“F”と、伝説の火の精霊、サラマンダーのレリーフが刻まれている（andre quinou / Shutterstock.com）。【中】城の屋上からパリ市より広いという広大な庭園と森を眺める。（Gimas / Shutterstock.com）。【右】歴代の王の趣味であった狩猟の成果として、捕らえた鹿の角が壁面に飾られた回廊（Gennady Stetsenko / Shutterstock.com）。

Recommend

| 不思議な二重らせん階段 |

人とすれ違うことなく上り下りできるよう設計された二重らせん階段は、ダ・ヴィンチが描いた理想都市の階段を実現したものだという。陽光に照らされた白い階段を歩くと、魔法にかけられた気分を味わえる。（NaughtyNut / Shutterstock.com）

| ブロワ城 |

城の西16kmにあるブロワ城は、ブロワ市街の中心部に建ち、ロワール渓谷の古城群を巡る際の起点となる城。13～17世紀に建造され、長い歴史のなかで7人の王と10人の妃が居城とした。特にフランソワ1世翼棟の色彩豊かな装飾は必見の美しさ。

フランスの漫画『タンタンの冒険』に登場するムーランサール城のモデルとしても有名なシュヴェルニー城（Yuri Turkov / Shutterstock.com）。

Château de Cheverny

シュヴェルニー城

純白に輝く外壁が映える
洗練された瀟洒な城館

ブロワの南東約15kmにある町、シュヴェルニーに建つ城。狩猟地として有名なソローニュの森の外れにあり、代々ユロー一族に受け継がれてきた城だ。特に、豪華な室内装飾の美しさと保存状態の良さは特筆もの。

洗練された瀟洒《しょうしゃ》な室内装飾や豪華な調度品など、美しい内装で知られるシュヴェルニー城。外壁には、年月を重ねるにつれ白く硬くなるブレ産の石が使われていて、まぶしいほどに輝くファサードが印象的だ。

城の歴史は十五世紀、シュヴェルニー公爵でありルイ十一世の戦争会計係だったアンリ・ユローが、この土地を購入したことに始まる。その後、十六世紀にアンリ二世が愛妾のディアーヌ・ド・ポワチエに土地を贈るが、彼女がシュノンソー城の方を好んだため、元の持ち主の息子、フィリップ・ユローに売却した。現在の城はフィリップが一六三〇年に完成させたものである。

フランス革命時、財政難で資産の売却を余儀なくされたユロー家は、一八〇二年に城を手放す。しかしその後、一八二四年に城を買い戻すと、以降ユロー一族が代々領主を務め、今もなお子孫が暮らしている。十七世紀の装飾をそのままに残す食堂や寝室など、細部まで良好な状態で保存されていて、一族がいかにこの城を愛し、暮らし続けてきたかがうかがえる。

【上】温かみのある色調に青い椅子が映えるダイニングルーム（andre quinou / Shutterstock.com）。【下／左】アンティークのピアノやヴァイオリンが置かれた図書室（Yuri Turkov / Shutterstock.com）。【下／右】城内で最も豪華な装飾が施された大広間。ラファエロの絵画や18世紀のハープなどが飾られている（Kiev.Victor / Shutterstock.com）。

Recommend

| シュヴェルニー城の猟犬 |

城には100匹以上の猟犬が飼われており、週に２度ほど、城主と共にソローニュの森で狩りのデモンストレーションを行なっている。毎日夕方に見学できる給餌（きゅうじ）の様子は迫力満点。敷地内には捕らえた数千本のシカの角が展示されている。

| シュヴェルニーの町歩き |

シュヴェルニー城を中心に広がる歴史ある小さなシュヴェルニーの城下町は、まさにおとぎ話のなかで描かれる街並みそのもの。城に沿って続く通りに集落が固まっているので、城を見学した後は、このかわいらしい町をぜひ散策してみて。

Château de Chaumont

ショーモン城

国王の正妃と愛妾の確執を象徴する城

ロワール川左岸の小高い丘の上に建つ城。15〜16世紀に築かれ、ゴシック時代の要塞建築とルネサンス時代の優雅な建築が融合した美しい城だ。

Recommend

|ショーモン城のイギリス式庭園|

敷地内にある、造園家アンリ・デュシェーヌが設計した美しいイギリス式庭園では、毎年4月末〜10月末にかけて世界中の造園家がテーマに沿って庭を造る国際庭園フェスティバルが開かれており、15万人以上が訪れる国内最大の庭園イベントとなっている。

　ロワール川を一望する、手付かずの自然が残る高台に建つショーモン城。その起源は、十世紀頃、ブロワ伯のユード一世が、アンジュー伯フルク・ネラの攻撃からブロワの町を守るために建てた要塞に始まる。

　以降、城は五世紀にわたりアンボワーズ家に受け継がれたが、一四六五年、アンボワーズ家が当時の王権に反抗したことから、城はルイ十一世によって焼き払われてしまう。その後、十五世紀末〜十六世紀初めにかけて、シャルル一世と息子のシャルル二世は、ショーモン城をルネサンス様式の優美な城として再建した。

　一五五〇年、アンリ二世の正妃であるカトリーヌ・ド・メディシスがショーモン城を買い取り、アンリ二世の死後、王の愛妾だったディアーヌ・ド・ポワチエをシュノンソー城から追放して、無理やりこの城に住まわせた。また、カトリーヌはこの城に多数の占星術者を滞在させたという。真偽の程は定かでないが、そのなかにはノストラダムスもいたとの伝承があり、彼がヴァロワ朝の終焉が近いことを予言したというエピソードが残されている。

ロワール川を望む高台に、風格あるたたずまいでそびえるショーモン城。城下には美しい街並みが整然と広がっている。

Château de Villandry
ヴィランドリー城

色鮮やかな３層の庭園と
城館が奏でる美しいハーモニー

ロワール渓谷のほぼ中央にあり、16世紀にフランソワ１世の財務大臣ジャン・ル・ブルトンが建設した。多彩な植物で彩られた３層の庭園の美しさは秀逸。

Recommend

｜ヴィランドリー城の３層の庭園｜

装飾庭園、水の庭園、菜園や迷路など、魅力満載の３層の庭園。城のテラスや主塔の頂上からは、色鮮やかな花壇や菜園、噴水や池、幾何学模様の広大な庭園や美しい街並みまで一望することができる。（Gennady Stetsenko / Shutterstock.com）

ロワール渓谷内のコミューン（自治体）、ヴィランドリーにあるヴィランドリー城。ここにはもともと封建時代の城があったが、フランソワ一世の財務大臣ジャン・ル・ブルトンが、着工中だった城と統合して一五三六年に完成させた。ロワール渓谷におけるルネサンス様式で建てられた最後の城で、シャンボール城やブロワ城の影響を受けたともいわれる。

十八世紀に名門貴族カステラーヌ家が所有したが、やがて城は荒廃の一途を辿る。しかし二十世紀、スペインの医師カルヴァロが城を買収して改修すると、元の姿を取り戻した。

最大の見どころは、見事な庭園。城を囲む庭園は三層に分かれ、それぞれ異なる特徴をもつ。上層に水をたたえた庭園、中層に愛と音楽を表現した装飾樹木庭園、そして下層に十字架をかたどった装飾菜園が広がる。

これらの庭園は、シャルル八世がイタリアから連れてきた造園家、バルチェロ・デ・メリコリカーノの造園法が主に用いられており、幾何学模様を成すように配された色とりどりの植物は、まるで巨大な絵画のような美しさだ。

ヴィランドリー城と庭園。フランス式、イタリア式、イギリス式庭園も設けられている（John Silver / Shutterstock.com）。

Château de Azay-le-Rideau

アゼ・ル・リドー城

絵画のような姿を川面に映す
「アンドル川にきらめくダイヤモンド」

フランス北西部、アンドル川の中州に建つ城。16世紀に再建された初期フランス・ルネサンス様式の華麗な城で、基礎部分は水中に築かれている。

Recommend

| ランジェ城 |

城の北約10km、ロワール川沿岸の岩の上に建つランジェ城。ロワール渓谷最古とされるアンジュー伯フルク・ネラが建てた主塔と、ルイ11世が建てた城から成る。現在は個人の所有となっており、タペストリーや家具のコレクションが展示されている。

ロワールの古城群のなかでは比較的小ぶりなアゼ・ル・リドー城。ロワール川の支流アンドル川の中州に建ち、その姿を水面に映す様はまるで絵画のような美しさだ。初期フランス・ルネサンス様式を取り入れた城は華麗そのもので、フランスの文豪バルザックは「アンドル川にきらめくダイヤモンド」と讃えたという。

ここにはもともと十二世紀初頭の城塞があったが、十四世紀にフランス・イングランド間で起きた百年戦争で焼失。その後一五一八年、フランソワ一世の治世下で徴税官兼トゥール市長を務めていたジル・ベルトロが築城を始めたが、一五二八年に横領の共謀を疑われると、彼は失踪。城は未完成のまま王に押収された後、主を代えつつやがて放棄された。

城が現在の姿になったのは十九世紀。フランス革命時に城を購入した貴族、シャルル・ド・ビアンクール一族が大幅に改修し、イギリス式庭園を加え城を生まれ変わらせたのだ。現在は国の所有となり、ルネサンス期のコレクションが展示されているほか、各時代の城主が残した貴重な調度品なども一見の価値あり。

アンドル川沿いの豊かな森に囲まれたアゼ・ル・リドー城。小さいながらも優雅な姿だ（StockPhotoAstur / Shutterstock.com）。

10
フランス

Château d'Ussé
ユッセ城

童話から抜け出たような
「眠れる森の美女」の城

トゥール近郊の小さな村レニ・ユッセに建つ、15～17世紀に建造されたメルヘンチックな城。童話『眠れる森の美女』が生まれた舞台として知られる。

Recommend

| シノン城 |

ユッセ城の南約12kmに建つシノン城は、ブロワ伯ティボー１世が築いた要塞。1429年、ジャンヌ・ダルクはこの城で、初めての謁見にもかかわらず、多人数のなかから誰が王太子（後のシャルル７世）かを見事に見抜いたという逸話が残されている。

ロワール渓谷中部に位置するユッセ城は、フランスの童話作家シャルル・ペローが一六九六年に出版した処女作、『眠れる森の美女』を執筆した場所として知られる。ロワール川と、その支流であるアンドル川のふたつの川を望み、緑豊かなシノンの森に囲まれるようにして建つ姿は、まさに童話に登場する城のイメージそのものだ。

その起源は、一〇〇四年にヴァイキングのギルデュアン一世が建てた要塞に始まる。十五世紀には、廃墟と化していた要塞の上に、国王シャルル七世の重臣ビュエイユ伯ジャン五世が城壁の基礎を築き始めた。以降増改築が続き、十七世紀に各時代の様式が混在した建物が完成した。

現在はドゥ・ブラカス公爵の私邸だが、建築家フランソワ・マンサールによる大階段や、ヴェルサイユ宮殿の庭師アンドレ・ル・ノートルによる庭園は見ごたえ十分。

城内には歴代城主に受け継がれてきた調度品が保存されているほか、当時の貴族の暮らしや『眠れる森の美女』の場面を再現した蠟人形も展示されている。

シノンの森の外れに建つユッセ城。白い城壁と青い三角屋根を頂くいくつもの塔が、メルヘンチックな雰囲気を醸し出している。

シュノンソー城を象徴するギャラリー。長さ60m、幅６mにおよび、18の大きな窓からは優雅な川の流れを望むことができる。

Château de Chenonceau

シュノンソー城

シェール川に浮かぶ「６人の女の城」

ロワール渓谷中部に建ち、ロワールの古城群を代表する名城であるシュノンソー城。16世紀にシェール川の古い製粉所跡に建てられて以来、代々、女性が城主であったことから別名「６人の女の城」とも呼ばれている。

シェール川河畔の小さな村シュノンソーに、ロワール渓谷の古城のなかでも屈指の名城と称される、シュノンソー城がある。川をまたぐように築かれた優美な城館は、十六世紀の独立塔、初期ルネサンス様式の棟、橋の上に建つ棟から成り、ふたつのフランス式庭園を備える。

シャルル八世の侍従トマ・ボイエが、買い取った領主の館を取り壊し、一五二一年に築城して国王に献上すると、その後約四〇〇年間、六代にわたる城主がすべて女性だったことから、「六人の女の城」と呼ばれるようになった。

アンリ二世の愛妾だったディアーヌ・ド・ポワチエは、本格的な庭園とシェール川に架かるアーチ形の橋を造った。しかしアンリ二世の死後、本妻カトリーヌ・ド・メディシスはディアーヌを追放。自ら城主となったカトリーヌは、川に架かる橋の上のギャラリーや庭園を増築してイメージを一新した。黒と白のタイル張りの床と美しい梁天井をもつギャラリーは、華麗な舞踏会の舞台となったという。絵画やタペストリーなど、美術館に匹敵するコレクションは圧巻。

【上】シュノンソー城とカトリーヌ・ド・メディシス庭園(Yuri Turkov / Shutterstock.com)。【下／左】青を基調としたディアーヌ・ド・ポワチエの部屋(NaughtyNut / Shutterstock.com)。【下／右上】白と黒のタイルが印象的なギャラリー(Yuri Turkov / Shutterstock.com)。【下／右下】カトリーヌ・ド・メディシスの部屋。壁には16世紀の貴重なタペストリーが掛かる(Pigprox / Shutterstock.com)。

Recommend

| カトリーヌ・ド・メディシス庭園 |

城を挟んで広がるふたつのフランス式庭園。川に架かるギャラリーを望む絶好のポイントとなっているカトリーヌ・ド・メディシス庭園は、円形の池の周辺に5つの芝生の庭が配された上品な造りだ。(Kiev.Victor / Shutterstock.com)

| ディアーヌ・ド・ポワチエ庭園 |

カトリーヌ・ド・メディシス庭園の反対側にあるディアーヌの庭園は、テラスや噴水が配されたモダンで開放的な雰囲気が特徴。二人の女性が造った趣の異なる庭園を見比べながら散策するのもお薦めだ。(Kiev.Victor / Shutterstock.com)

城のそばには川の水をひいて造られた人工池があり、角度によっては、水上に浮かぶようにして建つ優美な姿を見ることができる。

Château de Chantilly

シャンティイ城

フランス屈指の美術館を擁する
若きオマール公が築いた古城

フランス北部、オワーズ県のコミューン（自治体）、シャンティイに建つシャンティイ城。城内にはフランス屈指のコレクションを誇るコンデ美術館があり、歴代城主が収集した芸術品を見学できる。

緑豊かなシャンティイの森の中心部に建ち、今なお中世フランスの絶頂期をしのばせる気品をたたえるシャンティイ城。グラン・シャトーとプチ・シャトーのふたつの建物から成るルネサンス様式の城は、一部がコンデ美術館として使用されている。また、敷地内には複数の庭園があり、特にフランス式庭園はヴェルサイユ宮殿の庭園を手がけたアンドレ・ル・ノートルが造園したことで有名だ。

もともとこの地には十世紀頃から城館があり、十四世紀に大法官ピエール・ドルジュモンがその城を買収して以降、主を変えながら増改築が繰り返された。十七世紀中頃からはフランス貴族のコンデ公が歴代城主を務めたが、十九世紀にコンデ家が断絶すると、最後のフランス国王ルイ・フィリップの五男、アンリ・ドルレアンが相続。やがてオマール公となった若きアンリは、美術品の収集や城の増改築に尽力し、現在のシャンティイ城を完成させたのである。

なお、オマール公の遺志によって所蔵品の貸し出しが禁じられているため、コレクションはここ以外で見られない貴重なものとなっている。

【上】ヴィクトル・デュボワによって造られたイギリス式庭園（Nadiia_foto / Shutterstock.com）。【下／左】グラン・シャトー内の「鹿の間」。狩りの様子が描かれたタペストリーや豪華な装飾が施された天井が圧巻（Isogood patrick / Shutterstock.com）。【下／右】プチ・シャトー内の図書館。国内では国立図書館に次ぐ地位を誇り、6万冊を所蔵する（FrimuFilms / Shutterstock.com）。

Recommend

|シャンティイ競馬場|

城に隣接する、1886年にオマール公がフランス学士院に遺贈したフランス競馬の競技場。中世の城を思わせる厩舎（きゅうしゃ）が圧巻で、国内の主たるダービーの開催時には国内外から多くの人が訪れる。（Josegmsphoto / Shutterstock.com）

|ピエールフォン城|

シャンティイ城の東、約45kmにある城。もともとは1393年に築かれた要塞だったが、1857年にナポレオン3世が改修した結果、華やかな装飾と完璧な防御設備を兼ね備えるユニークな城となった。今は中世の鎧などを展示する博物館となっている。

Château de Beynac
ベナック城

**「フランスで最も美しい村」を見守り続ける
崖の上の城塞**

フランス南西部、ドルドーニュ川右岸の村ベナック＝エ＝カズナックの高さ約150mの断崖上に建つ城。中世には軍事的要衝として重要な役割を担った。

Recommend

|中世の村、ベナック＝エ＝カズナック|

ベナック城のふもとに広がる村、ベナック＝エ＝カズナック。ドルドーニュ川に沿って続くれんが造りの家々や城へと続く古い小路、石畳の広場など、散策しているとまるで中世にタイムスリップしたかのような気分に浸ることができる。

「フランスで最も美しい村」に選出された村のなかでも、特に高い人気を誇るベナック＝エ＝カズナック。ドルドーニュ川に突き出した断崖の上に建つベナック城は、この村を見守るようにして、軍事的な監視所として建てられた城塞だ。

　創建は十二世紀初頭、当時この地を治めていたベナック男爵による。その後、のちにイングランド王リチャード一世となるアキテーヌ公の家臣に与えられ、十三世紀初頭にはキリスト教の一派であるカタリ派を制圧したアルビジョア十字軍に占拠された。また、百年戦争の際にはフランス軍の拠点となり、見事イングランド軍を追い払った。しかし十六世紀以降、村は宗教改革運動におけるカルヴァン派の新教徒であるユグノーの支配下に置かれ、ベナック男爵は徐々に勢力を弱めていき、十八世紀に男爵家が断絶すると、ついに城は放棄されてしまった。

　その後、一九六一年にルシアン・グロッソ氏による修復工事が始まり、かつての姿を取り戻した。現在は、当時のタペストリーや絵画、武器などが展示され一般に公開されている。

断崖の上に建つベナック城。約15mの高さをもつ主塔は、ドルドーニュ渓谷一帯を見渡せる人気の絶景ポイントとなっている。

巨大な堀に囲まれて建つデ・ハール城。裏手にはフランス式の幾何学模様の庭園が広がる（Ververidis Vasilis / Shutterstock.com）。

Kasteel de Haar

デ・ハール城

国内屈指の名勝と称される
オランダ最大の城

オランダ中部の古都ユトレヒト郊外にあるネオ・ゴシック様式の城で、国内最大規模を誇る。17世紀以降廃墟となっていたが、19世紀末に再建された。

Recommend

| 古都ユトレヒト |

交通の要衝として古代から栄えた古都、ユトレヒト。旧市街にそびえる町のシンボル、ドム教会の塔や運河など、中世の街並みが今も残る。また、ミッフィーの作者、ディック・ブルーナの出身地でもあり、至る所でミッフィーに出会える。

　堀が周囲を取り巻き、跳ね橋や見張り櫓《やぐら》を備えた堂々たる城門をもつデ・ハール城。城内に広がる森を抜けると、やがて威風堂々としたれんが造りの城館が、目の前に姿を現す。まるで中世にタイムスリップしたかのような趣だが、現在の建物は十九世紀末に再建されたものだ。

　もともとの城は十三世紀に建てられたが、度重なる戦争により十七世紀には大部分が廃墟と化してしまう。その後、約二世紀にわたり放置されていた城が再び注目されたのは、一八九〇年のこと。当時の城主だったエチエンヌ・ファン・ザウレン男爵が、妻の実家であるロスチャイルド家の後ろ盾を得て、二〇年の歳月をかけて大修復作業を行なったのだ。

　設計を任されたのは、十九世紀のオランダを代表する建築家ピエール・カイパース。彼は原形を尊重しつつ最先端のデザインや技術を採用し、ネオ・ゴシック様式の城へと変貌させた。広大な庭園には、七〇〇〇本もの大木がユトレヒト全域から移植されたという。敷地内にはフランス風やローマ風などの庭園があり、特にバラ園は必見の美しさ。

ヴィアンデンの町を見守るように、高台に建つヴィアンデン城。秋には周囲の森が紅葉に染まる。

Vianden Castle

ヴィアンデン城

文豪ヴィクトル・ユーゴーも魅了された
ルクセンブルクで最も美しい城

フランスに端を発するウール川沿岸の高台に建つ城。大国に囲まれた小国であるルクセンブルクには数多くの城が残るが、そのなかでも国内随一の名城と称され、フランスの文豪ヴィクトル・ユーゴーも魅了された。

フランス、ベルギー、ドイツと国境を接し、城壁と渓谷に囲まれた城塞都市となったルクセンブルク。国内に点在する六七の古城のなかで、最も保存状態が良いとされているのが、ヴィアンデン城だ。首都ルクセンブルク市の北約四〇キロに位置し、ドイツの連邦州であるラインラント・プファルツ州と接している。建物はロマネスク様式とゴシック様式が混在した造りで、現在は一部が城の歴史を学べる博物館となっている。

城の歴史は古く、古代ローマ時代に築かれた要塞に端を発する。現在の城は十一世紀に築城が始まり、十四世紀に落成。ヴィアンデン伯家の居城として増改築が繰り返され、その後ナッソー家に引き継がれたが、一八二〇年に地元の市会議員に売却されると、城は荒廃の一途を辿った。

そして一八七一年、この地に滞在していたフランスの文豪ヴィクトル・ユーゴーが、廃墟と化したヴィアンデン城を発見し、再建運動を起こした。城が修復されたのは、ルクセンブルク大公ジャンの時代。一九七七年には国の所有となり、大規模な改修を経てかつての姿を取り戻した。

【上】豪華なタペストリーが並ぶ「ヴィクトール・アベンスの間」。現在もパーティー会場などに利用されている（Kit Leong / Shutterstock.com）。【下／左】17世紀の戸棚など、貴重な家具が残る「祝宴の間」（Philou1000 / Shutterstock.com）。【下／右】ヴィアンデン城を一望する絶景ポイントまで登ることができるリフト（Alena Veasey / Shutterstock.com）。

Recommend

｜ルクセンブルク旧市街｜

「ルクセンブルク市：その古い街並みと要塞群」として、1994年に世界遺産に登録された旧市街。丘の上の要塞を中心に分厚い城壁に囲まれており、各時代、各統治国の様式が混在した貴重な歴史的建造物が立ち並ぶ街並みは、街歩きに最適。

｜ノートルダム大聖堂｜

ひときわ目立つ尖塔（せんとう）をもつルクセンブルクのシンボル、ノートルダム大聖堂。17～19世紀にかけて築かれ、ルネサンスやバロックのほか、内部の柱にはイスパノ・モレスク様式の特徴ある模様があるなど、さまざまな様式が混在する。

シュヴェリナー湖上に浮かぶようにして建つシュヴェリーン城。総部屋数は635室にもおよぶ、巨大な城だ。

Schwerin Palace
シュヴェリーン城

北ドイツの湖にたたずむ「湖上の宝石」

ドイツ北部のシュヴェリーンは、別名「7つの湖の町」と呼ばれる通り、多くの淡水湖に囲まれた町。最大規模のシュヴェリナー湖に浮かぶ小島に建つシュヴェリーン城は、その美しさから「湖上の宝石」と称されている。

ドイツ北部、メクレンブルク＝フォアポンメルン州の州都であるシュヴェリーンは、水と緑に囲まれた自然豊かな美しい古都。この町のシンボルであり、代表的な観光地となっているのが、「湖上の宝石」と称されるシュヴェリーン城だ。

その起源は十世紀半ばにスラヴ人が建てた砦《とりで》にさかのぼる。その後、十六世紀にメクレンブルク公の居城となると、ネオ・ルネサンス様式を基調に建て直され、砦から宮殿へと生まれ変わった。以降増改築が繰り返され、十九世紀に、大公パウル・フリードリヒ一世によって現在の姿に改築された。その際、フランス・ロワール地方のシャンボール城を手本にしたといわれている。城の裏手にある公園では、湖の対岸から湖上にたたずむ優美なシュヴェリーン城の姿を眺めることができる。

現在、城は州議会議事堂として使用されており、一部は博物館として公開されている。豪華な調度品で飾られた王座の間や、歴代城主の肖像画が飾られたギャラリーなどの見学ができるほか、十八～十九世紀の芸術作品のコレクションも鑑賞できる。

【上】等身大で描かれた歴代城主の巨大な肖像画がずらりと並ぶ「先祖の肖像の間」（Lev Levin / Shutterstock.com）。【下／左】シンメトリーかつ立体的に造られた、見事なバロック様式の庭園。【下／右】博物館のハイライトとなる「玉座の間」。華麗な装飾で埋め尽くされた天蓋や豪華なシャンデリアは圧巻の見ごたえだ（Anibal Trejo / Shutterstock.com）。

Recommend

|いたずら好きな幽霊「ペーターメンヒェン」|

城のホールには、「ペーターメンヒェン（小さなペーター）」という名前の幽霊がいるという言い伝えがある。1mほどの背丈で17世紀頃の服装を身にまとい、城の守護霊として侵入者を追い払ってくれる一方、いたずら好きな一面もあるのだとか。

|水の都、シュヴェリーン|

多くの淡水湖に囲まれ「7つの湖の町」と称される美しい町、シュヴェリーン。中世以降はメクレンブルク＝シュヴェリーン公国の首都として発展。マルクト広場を中心に広がる旧市街は、石畳の小路に沿って中世の街並みが残されている。

Sanssouci Palace
サンスーシ宮殿

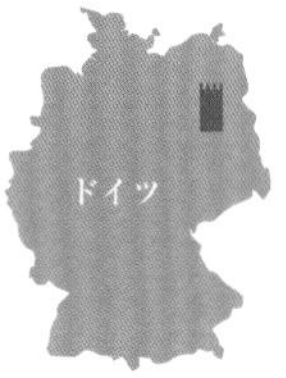

**フリードリヒ大王が愛した
ドイツ・ロココ様式の最高傑作**

ドイツ北東部の町ポツダムにフリードリヒ２世の宮殿として18世紀に建設。「ポツダムとベルリンの宮殿群と公園群」として1990年に世界遺産に登録された。

Recommend

｜庭園内の「中国茶館」｜
6段に連なるテラスが展開し、広大な面積をもつ庭園。そこに建つ離宮のひとつ「中国茶館」には、当時流行していた「シノワズリ」という中国志向の美術様式が用いられ、淡い水色と繊細な金細工が見事に融合している。（Mistervlad / Shutterstock.com）

サンスーシ宮殿は、プロイセン王フリードリヒ二世により一七四五～一七四七年に夏の離宮として築かれた。当時マリア・テレジア率いるハプスブルク帝国（オーストリア）と第二次シュレージエン戦争中にあった王が、あえて莫大な資金を投じ建設に踏み切ったのは、マリア・テレジアへの挑発の意味もあったとされる。

小国のプロイセンを強国に育て、大王とたたえられたフリードリヒ二世は、自ら宮殿の設計に加わり、自分の意向を反映させたロココ様式の瀟洒な宮殿を造り上げた。「ブドウの丘」と呼ばれる庭園にたたずむこの宮殿は、その華麗さからドイツ・ロココ様式の最高傑作とたたえられる。

結果的に離宮ではなく王の居城となったために宮殿と称されるが、部屋数はわずか一二室のこぢんまりとした建物である。しかし王はこの宮殿を愛し、七四歳で亡くなるまで、激務の合間には音楽や詩を楽しみながらここで過ごしたという。フランス語で「憂いなし」を意味する名前のとおり、最前線に立ち死闘を繰り広げてきた王にとって、何よりの癒しの場所だったのである。

６段に連なる階段状の庭園と、その頂に建つサンスーシ宮殿。庭園にはブドウ棚が広がっており、「ブドウの丘」とも呼ばれている。

Moritzburg Castle

モーリッツブルク城

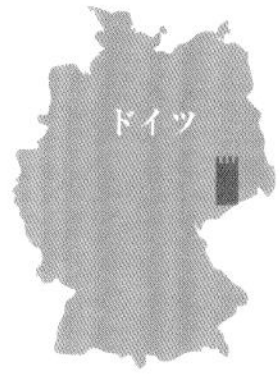

ザクセンの栄華を伝える
水上に浮かぶ豪壮な城館

ドイツ東部の町ドレスデンにある城。16世紀半ばにザクセン大公モーリッツが狩猟用に建てた後、アウグスト強王によってバロック様式に改築された。

Recommend

|森の散策|

城の周囲に広がる豊かな森は、自然保護区にも指定されていてドレスデン市民の憩いの場となっている。1770年に夏の離宮として建設されたキジ小城やザクセン州で唯一の灯台(写真)などを巡りながら、カフェやレストランで一服するのも旅の楽しみ。

ドイツ東部、チェコとの国境に程近いザクセン州の州都ドレスデンの郊外に、森と水に囲まれて建つモーリッツブルク城。その起源は、ザクセン大公モーリッツによって一五四六年に建てられた猟館である。

その後、十七世紀末~十八世紀前半にかけて、ザクセン選帝侯とポーランド国王を兼任し、驚異的な怪力の持ち主だったことから「強健王」、「ザクセンのヘラクレス」などの異称をもつアウグスト強王の命により、一七二三~一七三三年頃にかけてルネサンス様式からバロック様式の猟館兼離宮に改築された。ドレスデンのツヴィンガー宮殿を手がけたM・D・ペッペルマンが設計を担当し、左右対称になるように建物が増築され、城の周囲を掘り下げて人工池を造り、まるで水上に浮かんでいるかのような優美な姿に生まれ変わった。

現在は、王が熱心に集めたという古伊万里のコレクションなどを展示する博物館になっており、ヨーロッパ有数といわれる大ジカの角のコレクションやさまざまな鳥の羽を用いた調度品が彩る羽根の部屋などが、猟館としての歴史を物語っている。

水上に浮かぶモーリッツブルク城。城内の礼拝堂は洗礼式や結婚式の会場としても人気で、併設のカフェでパーティーも開催される。

深い森の奥にひっそりと建つエルツ城。城門へと続く石畳を歩けば、おとぎ話のなかに入り込んだような気分を味わえる。

Eltz Castle

エルツ城

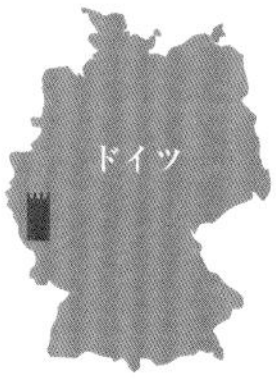

**12世紀から同じ一族が代々所有し続けてきた
難攻不落の孤高の城**

ドイツ西部の町モーゼルケルン郊外に位置し、モーゼル川の支流であるエルツ川の河岸、アイフェル山地の森のなかにひっそりと建つ城。850年以上にわたり同じ一族に所有され続けている、非常に珍しい城だ。

深い森の奥に建つエルツ城。そのたたずまいから、ノイシュヴァンシュタイン城、ホーエンツォレルン城とともに、ドイツ三大美城のひとつに数えられる優美な城だ。

築城時期ははっきりしていないが、十二世紀の文献に、現在のエルツ城の南側部分にあたる「プラット・エルツ」の名が残っていることから、その頃にはすでに存在していたと考えられ、また十二世紀にこの地に住んでいたエルツ家の一族が、三四代にわたって代々所有し続けてきた。

この城がほかと大きく異なるのは、十三世紀半ばの城主だったエリアス、ヴィルヘルム、ディートリヒの三兄弟の時代に一族が分家されたことで、城もまた三家系に分割された点。その結果、エルツ城は三家系の共同財産となり、時代と共に増築されていったのである。すると、城内には一〇〇以上の部屋が造られ、最盛期には一〇〇人以上が住んでいたという。

一六六一年に工事が終了してからは、補修以外に手は加えられず、また八五〇年以上の歴史のなかで一度も侵略を受けなかったことから、当時のままの姿を今に残している。

【上】紅葉に彩られた秋のエルツ城は、さらにその美しさを増す。【下／左】ドラゴンをイメージしたユニークな雨どいの飾り。こうした細かな装飾を見つけるのも、城巡りの楽しみのひとつだ（Ambasador / Shutterstock.com）【下／右】エルツ城の中庭を囲む回廊。アーチ型の天井や石造りの重厚なたたずまいが、冒険心をかき立てる（Ekaterina Klochkova / Shutterstock.com）。

Recommend

| あらゆる建築様式が重なり合う城 |

３家系の家族がそれぞれ500年の歳月をかけて上へ上へと増築を重ねていったエルツ城。その結果、ロマネスク様式からバロック初期にかけての、ヨーロッパのあらゆる建築様式が、身を寄せ合うように重なる非常に珍しい外観となった。

| エルツ城までのハイキングコース |

山の奥深くに建つ城までは、車やシャトルバスのほか、いくつかあるハイキングコースから徒歩で行く方法も。最も分かりやすいのは、最寄りのモーゼルケルン駅から徒歩で約１時間のコースで、山中に突然現れるエルツ城の迫力を楽しめる。

Reichsburg Cochem Castle

コッヘム・ライヒスブルク城

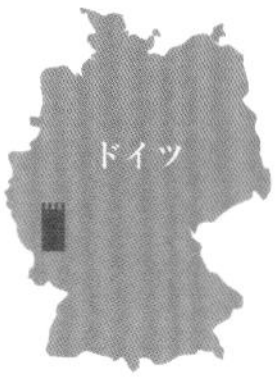

「帝国の城」の異名をもつ メルヘンチックな城

モーゼル川に面した美しい町コッヘムに建つ城。町を見下ろす丘の上に11世紀に築城後、1689年にフランス軍に破壊されるが19世紀に再建された。

Recommend

|コッヘムの町歩き|

小さいながらも見どころにあふれるコッヘムの町。カラフルな木骨組みの家が立ち並ぶマルクト広場、旧市街の聖マルティン教会など、おとぎ話に出てきそうな街並みは、時の過ぎるのを忘れさせてくれる。散策の後は、名産のモーゼルワインを。

モーゼル川を望む丘の上に建つコッヘム城。十一世紀初頭にロートリンゲン宮中伯の子エッツォによって築かれたとされる。高さ約一〇〇メートルの丘の上に建つ城からは町を一望でき、当時は川を行き交う船から税を徴収する役割も担っていた。

後にライン宮中伯が城を受け継ぐも、その地位をめぐるヘルマン・フォン・シュタールエック伯爵との戦いに敗れると、一一五一年にヘルマンの義兄弟である神聖ローマ皇帝コンラート三世が城を支配。このことから、「帝国の城」を意味するライヒスブルク城と呼ばれるようになった。

以後、帝国から城将が派遣されたが、一二九四年に皇帝の戴冠費用を捻出するため、城は借金の抵当としてトリーア大司教に差し出された。結局、借金は返済されず、城はトリーア大司教の所有となった。

大同盟戦争中の一六八九年、フランス王ルイ十四世の軍隊により、城は町もろとも破壊される。以降、二世紀にわたり廃墟となっていたが、十九世紀末にベルリンの実業家に買い取られ、当時の流行を取り入れたネオ・ゴシック様式に再建された。

町を見下ろす丘の上に建つコッヘム・ライヒスブルク城。城塔にはキリストを背負った聖クリストフォロスのモザイク画が描かれている。

21

ドイツ

Heidelberg Castle

ハイデルベルク城

多くの芸術家を魅了した
ドイツ・ロマン主義の象徴

ドイツ南西部の町ハイデルベルクに位置する廃城。ネッカー川と旧市街を見下ろす高台に、ライン宮中伯の居城として建設された。

Recommend

| ハイデルベルク旧市街 |

ドイツ最古の大学を擁するハイデルベルク。城の上からは川沿いに赤い屋根が連なる美しい景観を望める。伝統的な建物が立ち並ぶ旧市街では、かわいらしい街並みを眺めながら学生街ならではの自由な雰囲気を楽しみたい。（S-F / Shutterstock.com）

十三世紀初頭、当時ドイツを支配していた神聖ローマ帝国の諸侯、ライン宮中伯の居城として着工されたハイデルベルク城。以降四〇〇年にわたり増改築が繰り返されたことで、各時代の建築様式が混在した巨大な宮殿となった。

一方で、相次ぐ戦火に巻き込まれ、破壊と再建を繰り返した歴史をもつ。そして、十七世紀に起きた三十年戦争と大同盟戦争で徹底的に破壊され、灰燼に帰してしまう。その後、市民が石材を持ち出すなどして荒廃が進んだが、十九世紀にグライムベルク伯が修復を呼びかけたことなどをきっかけに、町が建物の保全を定め、二度の大戦も無事にくぐり抜けることができた。

現存する城内最古の建物で、内部に壮麗なルネサンス様式の暖炉があるループレヒト館や、ドイツ初のルネサンス建築とされるオットーハインリヒ館など、さまざまな建築様式を一度に見られるのも大きな魅力。カント、ショパン、ゲーテなど、著名な哲学者や芸術家もこの城を愛し、作品のインスピレーションを得たといわれている。

さまざまな建築様式が混在するハイデルベルク城。ネッカー川対岸の「哲学者の道」と呼ばれる散歩道からの眺めが特に美しい。

紅葉に彩られた秋のホーエンツォレルン城。山全体が霧に包まれ、頂上部分の城だけが姿を現す様子は、「天空の城」そのもの。

Hohenzollern Castle
ホーエンツォレルン城

名門ホーエンツォレルン家が築いた
雲間に浮かぶ天空の城

ドイツ南部のシュヴァーベン高原、標高約855mの山頂に建ち、ドイツ三大名城のひとつに数えられる城。ドイツ皇帝を輩出した名門ホーエンツォレルン家の居城として11世紀に築かれ、19世紀に再建された。

標高約八五五メートルの山頂に建つホーエンツォレルン城。平坦な田園地帯のなかにそびえる優美なシルエットは、遠くからでも見ることができる。特に山全体が霧で包まれると、頂上の城だけがその姿を現し、空に浮かんでいるかのような幻想的な光景が現出する。

城の創建は十一世紀。この地を故郷とし、後にプロイセン王国を建国しドイツ皇帝やルーマニア国王を輩出した名家、ホーエンツォレルン家の居城として築かれた。以降、数々の戦火をくぐり抜けたが、一四二三年に完全に破壊されてしまう。その後すぐに再建され、一六一八年に始まった三十年戦争の際には要塞として利用された。しかし一六四八年、戦争終結のため講和条約が結ばれた後は城の重要性が薄れ、徐々に廃墟と化していった。

現在の城は、廃墟となった祖先の城を目にしたプロイセン国王フリードリヒ・ヴィルヘルム四世の命により、ネオ・ゴシック様式の城として一八六七年に完成したもので、今もドイツ最後の皇帝ヴィルヘルム二世の直系の子孫が所有している。

【上】ライトアップされたホーエンツォレルン城。【下／左】金色の天井に豪華なシャンデリア、大理石の列柱が並ぶ「伯爵の大広間」。床にホーエンツォレルン家の紋章の色である白と黒があしらわれている（Atosan / Shutterstock.com）。【下／右】カトリックの聖ミヒャエル礼拝堂。城主２家系がそれぞれカトリックとプロテスタントを信仰したため、礼拝堂がふたつある（Ivanova Tetyana / Shutterstock.com）。

Recommend

| ルートヴィヒスブルク宮殿 |

城から車で北へ約１時間の所に建つ、ヨーロッパ最大規模の宮殿で、「シュヴァーベンのヴェルサイユ宮殿」と称される。完成は1733年で、豪華な内装や貴族の衣装をまとったガイドなど、往時の雰囲気に浸れる宮殿だ。（PhotoFires / Shutterstock.com）

| ジグマリンゲン城 |

城から車で南へ約１時間の所にあり、ホーエンツォレルン家の分家であるホーエンツォレルン・ジグマリンゲン家が所有する城。ファンタスティック街道とドナウ渓谷が交差する場所に建ち、現在の建物は1630年にルネサンス様式で建設された。

思わず足がすくんでしまうような断崖(だんがい)の上に建つリヒテンシュタイン城。円筒形の塔をもつ独特の外観が特徴。

Lichtenstein Castle

リヒテンシュタイン城

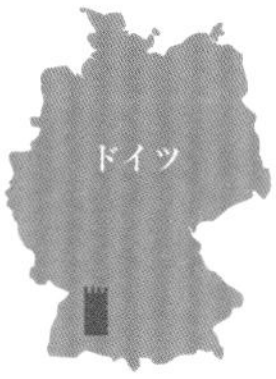

ファンタジックな小説から生まれた
絶壁にそびえる「妖精の城」

ドイツ南西部の町リヒテンシュタインに建つ城で、この地を舞台にした小説にあこがれたヴュルテンベルク大公によって、切り立った崖の上に建っていた廃城を基礎に、19世紀に築城された。

垂直に切り立つ岩山の上に建ち、円塔や跳ね橋を備えたリヒテンシュタイン城。まるで物語のなかから抜け出たような姿だが、実際に、小説に登場する城がモデルになっている。

城の起源は、十二世紀頃に築かれた砦《とりで》に始まり、十四世紀以降は市民の反乱やオスマン帝国軍などの攻撃によって幾度も破壊され、ついには廃墟となってしまう。しかし、一八〇二年にヴュルテンベルク公国の公爵フリードリヒ二世によって廃城が撤去され、現在の城の前身となる狩猟の館が建てられた。

城が現在の美しい姿へと生まれ変わったのは、十九世紀のこと。ドイツの作家ヴィルヘルム・ハウフによるこの地を舞台にした小説『リヒテンシュタイン』に感銘を受けたヴュルテンベルク大公ヴィルヘルム・フォン・ウラッハは、狩猟の館を解体し、一八四〇〜一八四二年にかけて、物語にのっとったネオ・ゴシック様式の城を再現した。

現在は、ヴィルヘルム・アルベルト・ウラッハ公爵が所有しており、武器のコレクションなどのほか、花の季節には見事な庭園を鑑賞できる。

【上】絶壁の上に建つ本館に渡された木造の橋。【下／左】ライトアップされた夜のリヒテンシュタイン城。【下／右上】一面の芝地が広がる城の裏手。城のシンボルともいうべき巨大な円塔は、第二次世界大戦の際に破損した後、1998年に修復された。【下／右下】ベンチの下に配された、メルヘンチックな城ならではの像。細かい部分にまで施された繊細な装飾も、城見学では見逃せない。

Recommend

| ローテンブルク・オブ・デア・タウバー |

城の北東約150kmに位置する町、ローテンブルク・オブ・デア・タウバー。入り組んだ路地や教会、伝統的な木骨組みの住宅など、中世の街並みがよく保存された旧市街は、ロマンチックなお城巡りの旅をさらに盛り上げてくれるはず。

| ウルム大聖堂 |

城から東に車で約1時間の町ウルムに建つゴシック様式の大聖堂。高さ161mの世界一高い教会建築で、1377年から500年以上かけて築かれた。尖塔の先端付近まで、786段（！）の階段を上って行ける。(Joaquin Ossorio Castillo / Shutterstock.com)

Neuschwanstein Castle
ノイシュヴァンシュタイン城

**ロマンチシストの王様の夢が凝縮された
白亜の美城**

ドイツ南部のバイエルン・シュヴァーベン地方の町、フュッセンの南東にあり、バイエルン国王ルートヴィヒ２世により19世紀に建てられた。現在はロマンチック街道の終点かつ最大の見どころとなっている。

【上】雪景色のノイシュヴァンシュタイン城。ペラート峡谷に架かるマリエン橋から見る姿が最も美しいといわれる。【左ページ】紅葉に包まれた秋の城。ルートヴィヒ２世が、友人ワーグナーに「この城に住めるようになるのが待ち遠しい」と手紙を送ったのも納得の美しさだ。

「ドイツ三大名城」のひとつに数えられ、ディズニーランドのシンデレラ城のモデルとしても知られるノイシュヴァンシュタイン城。おとぎ話に出てきそうなこの美しい城を建てたのは、若くしてバイエルン王国の王となり、「狂王」の異名を与えられたルートヴィヒ二世。芸術を心から愛し、幼い頃から中世騎士道へのあこがれを強く抱いていた人物で、普墺戦争でプロイセンに敗れると、争いや政治という現実から逃避し、次第に自分の世界に引きこもるようになった。ノイシュヴァンシュタイン城は、王の現実逃避から生まれた城なのである。

　王は城のデザインを、城郭の専門家ではなく、宮廷劇場の舞台装置や舞台美術を担当していた画家クリスチャン・ヤンクに依頼。その結果、ドイツの城に本来あるべき小聖堂や墓地がなく、王の趣味が最優先された実用には適さない城になったのだ。

　一八六九年に着工され、一八八六年に居住できる状態まで建設が進むと、王は首都ミュンヘンに戻らず、この城を居城とする。しかし、そのわずか一〇二日後、あまりの浪費ぶりから王はベルク城に軟禁され、その翌日、主治医とシュタルンベルク湖畔を散歩中に謎の死を遂げる。そして、城の工事は未完成部分を多く残したまま中止されることとなった。

　王は城を自分の世界にとどめたいという思いから、「私が死んだらこの城を破却せよ」と言い残したというが、彼が死ぬと、その直後から城と内部は一般公開された。

【右ページ】
【上】城内でひときわ豪華な「玉座の間」。ビザンチン様式の王冠の形を模した96本のろうそくが立つ、巨大なシャンデリアは圧巻（Patryk Kosmider / Shutterstock.com）。【下】観光の目玉のひとつ、「歌人の間」。コンサートやオペラを上演するための部屋で、チューリンゲンの森にあるヴァルトブルク城の「祝宴の間」を参考にしたとされるが、装飾ははるかに豪華（Patryk Kosmider / Shutterstock.com）。

【左ページ】
【左】重厚な雰囲気でまとめられた、王の執務室として使われていた書斎。【中】「上の中庭」を囲んで建つ「騎士の館」や本館。【右】城で最も高い建物「北の塔」の内部。主階段の天井には金色の星がきらめき、中央にはナツメヤシをモチーフにした巨大な円柱が建つ。

Recommend

| ロマンチック街道終点の町、フュッセン |

ヴュルツブルクから始まるロマンチック街道は、約400kmのルート。終点のフュッセンは2000m級の山脈や5つの湖に囲まれた自然豊かな町で、カラフルな建物が軒を連ねる旧市街はまるでおとぎ話の世界だ。（Sean Pavone / Shutterstock.com）

| リンダーホーフ城 |

城から車で東へ約1時間、ルートヴィヒ２世が建てた３つの城のうち、唯一存命中に完成した。裏にある「ヴェーヌスの洞窟」（写真）はイタリア・カプリ島の青の洞窟をモデルにした人工の鍾乳洞で、一見の価値あり。（Mikhail Markovskiy / Shutterstock.com）

Hohenschwangau Castle

ホーエンシュヴァンガウ城

ルートヴィヒ２世の父王が築いた
高台に建つ黄色いお城

ノイシュヴァンシュタイン城のそばに建つネオ・ゴシック様式の城。ルートヴィヒ２世の父であるマクシミリアン２世によって、19世紀に築城された。

Recommend

| アルプ湖散策 |

城のすぐそばの真っ青に澄み切った透明度の高い水をたたえたアルプ湖の湖畔は、人気のハイキングコース。ノイシュヴァンシュタイン城とホーエンシュヴァンガウ城を一緒に撮影できるスポットがあるほか、秋には紅葉、夏には湖水浴と、楽しみ方もさまざま。

美しく澄んだアルプ湖を望む山中に建つホーエンシュヴァンガウ城。周囲に広がる森に映える黄色い城は、「狂王」の異名をもち、ノイシュヴァンシュタイン城を築いたルートヴィヒ二世の父、バイエルン国王マクシミリアン二世によって建てられた。

もともとの名前はシュヴァンシュタイン城といい、シュヴァンガウの貴族が十二世紀に建てた城だった。その後は跡継ぎが絶えて廃墟となっていたが、一八三二年にマクシミリアン二世が購入しネオ・ゴシック様式の城に改築すると、城の名もホーエンシュヴァンガウ城と改められた。

シュヴァンガウという地名は、ドイツ語で「白鳥の里」を意味し、作曲家ワーグナーのオペラなどで知られる中世の伝説の騎士ローエングリン（別名「白鳥の騎士」）が、白鳥の曳く小舟に乗って登場した場所だという言い伝えが残る土地でもある。そのため、城には至る所に中世騎士伝説を描いた壁画があって、ここで幼少期を過ごしたルートヴィヒ二世は、ワーグナーと中世騎士伝説に耽溺し、長ずるに及んで次第に伝説と現実のはざまに迷い込んでいったという。

ホーエンシュヴァンガウ城とアルプ湖。白鳥伝説ゆかりの地であることから、本館の屋根の上には白鳥の像が鎮座している。

Chillon Castle

シヨン城

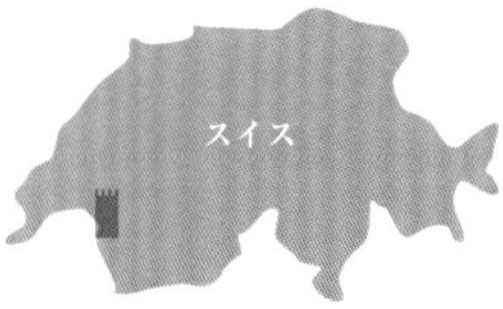

レマン湖のほとりに建つ
ロマンチックな古城

スイス南西部レマン湖畔のリゾートであるモントルー近郊、湖に突き出た岩盤の上に建つ中世の古城。湖に浮かんでいるようなロマンチックな姿で有名。

Recommend

| 世界遺産、ラヴォー地区 |

ローザンヌからシヨン城まで湖畔に続く丘陵にブドウ畑が広がる、美しい風景で有名なラヴォー地区。点在する村々では1000年以上前から伝統的なワイン造りが受け継がれており、その歴史と伝統が評価されて、2007年に世界遺産に登録された。

アルプスの峰々に囲まれ、スイスとフランスにまたがる三日月形の美しい湖、レマン湖。古くから保養地として知られるこの湖のほとりに建つシヨン城は、その起源を中世初期にまでさかのぼる歴史ある古城だ。

城が建つ場所には青銅器時代から人が住んでいたといい、九世紀にはイタリアからアルプスを越えてくる商人に通行税や物品税を課すための関所が設けられた。その後、十世紀頃に最初の建物が建造されシヨン大司教の城となり、十二世紀に当時この地を支配していたサヴォイア伯が領有してから大規模な拡張が行なわれた。そして十三〜十四世紀に最盛期を迎えると、現在の形となった。

城の名を一躍有名にしたのは、一八一六年にこの城を訪れたイギリスの詩人、ジョージ・ゴードン・バイロン。彼の代表作である『シヨンの囚人』は、十六世紀にサヴォイア伯に捕らえられ、この城の地下牢に幽閉されたジュネーブの宗教改革者、フランソワーズ・ボニヴァルをうたったものだ。地下牢の柱には、バイロンが書いたとされる「BYRON」の落書きが残されている。

まるで湖に浮かんでいるかのようなシヨン城。レマン湖のクルーズ船に乗って、船上から城を眺めるのもまた一興だ。

特別なデコレーションが施された、クリスマスシーズンのシェーンブルン宮殿（Uhryn Larysa / Shutterstock.com）。

Schönbrunn Palace
シェーンブルン宮殿

ハプスブルク家の威光を今に伝える
マリア・テレジアが愛した宮殿

オーストリアの首都ウィーン郊外に建つ宮殿で、女帝マリア・テレジアをはじめ、ハプスブルク家の歴代君主が主に離宮として使用していた。1996年に「シェーンブルン宮殿と庭園群」として世界遺産に登録された。

　ウィーン郊外に建つシェーンブルン宮殿。ハプスブルク家の猟場であったこの土地に宮殿が着工されたのは一六九六年で、神聖ローマ皇帝レオポルト一世の命による。設計者のフィッシャー・フォン・エルラッハは、フランスに対抗するためヴェルサイユ宮殿に比肩する壮大な建設計画を立案したが、苦しい財政状況により計画は縮小され、一七一三年にバロック様式の館として完成した。

　当初はピンクだった外壁を、シェーンブルン宮殿の代名詞ともいえる黄色に塗り替えたのは、ハプスブルク家唯一の女性君主にして最大の権力を誇ったマリア・テレジア。一七四〇年に二三歳の若さで即位し、際立った政治手腕で帝国に繁栄と安定をもたらした彼女は、この宮殿を居城に定め、内装をロココ様式に統一するなどの増改築を行なった。「テレジア・イエロー」と称される外壁の色は、当初は金で塗られる予定だったが、財政状況に配慮したマリアの意向で、金に近い黄色に変更された。

　部屋数は一四四一に及び、ヨーロッパ最大の帝国として君臨したハプスブルク王朝の栄華を今に伝える。

【上】庭園の丘の上に建つ「グロリエッテ(見晴らし台)」。現在はカフェとして利用されている(Milica011 / Shutterstock.com)。【下／左】多様な気候帯の植物が展示される、1882年建造の「大温室(パルメン・ハウス)」(Simone Crespiatico / Shutterstock.com)。【下／右】細部まで凝った装飾が施された大広間。天井にはマリア・テレジア時代の帝国の絵が描かれている(posztos / Shutterstock.com)。

Recommend

| 世界最古の動物園 |

1752年に帝国の宮廷メナジェリー（小動物園）として、シェーンブルン宮殿内に設けられた世界最古の動物園。バロック時代の建物が残されている一方で、最先端の設備が備えられていて、世界でも有数の近代的で理想的な動物園と評価されている。

| 馬車に乗って庭園見学 |

東西約1.2km、南北約1kmと、歩いて回るには広すぎる宮殿のフランス式庭園。お薦めは、馬車を利用した優雅な見学。馬車特有の揺れに身を任せながら庭園を巡れば、お姫さま気分を味わえるかも。（Myroslava Bozhko / Shutterstock.com）

Hohensalzburg Fortress

ホーエンザルツブルク城

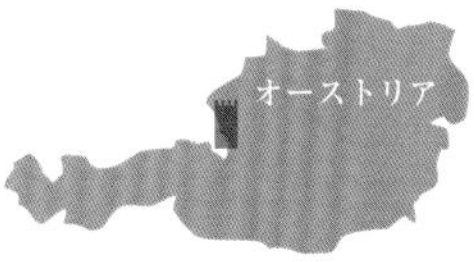

**ザルツブルクの町を見守るように
高台にそびえる城**

オーストリア中北部の町ザルツブルクの高台に、大司教ゲプハルト１世が11世紀に築城。「ザルツブルク市街の歴史地区」として1996年に世界遺産に登録。

Recommend

｜ミラベル宮殿｜

1606年、大司教ヴォルフ・ディートリヒが愛人のために建てたという新市街に建つ宮殿。モーツァルト親子が演奏した「マルモーア・ザール（大理石の間）」や、映画『サウンド・オブ・ミュージック』に登場した庭園など見どころ満載。（milosk50 / Shutterstock.com）

「塩の砦《とりで》」を意味する名前の通り、紀元前より塩の交易で繁栄したザルツブルク。八世紀に司教座が置かれて以降、聖職者の大司教が領主として君臨する「教会国家」、かつカトリック文化の中心地として発展した。町には今も歴史的建造物が数多く残るほか、音楽家モーツァルトの生家など音楽にまつわる史跡も多く、風光明媚な音楽の聖地としても知られる。

この町を見守るように、旧市街の南側にそびえるメンヒスベルクの丘の頂に建つのが、ホーエンザルツブルク城だ。城の歴史は、神聖ローマ帝国皇帝とローマ教皇の間に起こった聖職叙任権闘争の際、皇帝派の報復を恐れた教皇派のザルツブルク大司教ゲプハルト一世が一〇七七年に築いた要塞に始まる。

その後は歴代大司教の居城として使用されたが、十五世紀後半以降、ハプスブルク家やバイエルン公などの周辺諸国の侵攻や市民の反乱に備えて、巨大な塔や防壁、武器庫や穀物貯蔵庫などが増築され、十七世紀頃に現在の姿になった。現在は博物館となっており、絶対的な支配力を誇った大司教の権勢を今に伝えている。

町の中心を流れるザルツァッハ川を望むメンヒスベルクの丘に建つホーエンザルツブルク城と、ザルツブルクの美しい街並み。

Hohenwerfen Fortress

ホーエンヴェルフェン城

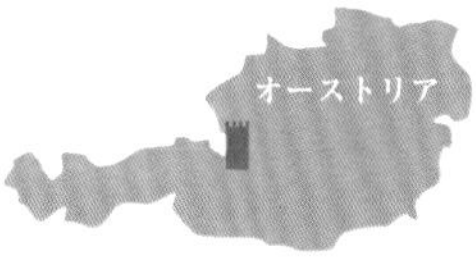

高さ623mの絶壁に建つ
ホーエンザルツブルク城の姉妹城

ザルツァッハ渓谷の町、ヴェルフェンを見下ろす絶壁の上に建つ城。11世紀、ホーエンザルツブルク城の姉妹城として大司教ゲプハルト１世が建設した。

Recommend

｜世界最大の氷の洞窟、アイスリーゼンヴェルト｜

城の近くにある、テネン山脈内にできた氷の大洞窟、アイスリーゼンヴェルト。ザルツァッハ川が山を浸食したことで形成された洞窟で、冬の間に洞窟内に吹き込まれた雪が解け固まることで氷の洞窟となる。総延長42km以上に及ぶ氷の景色は圧巻。

ザルツブルクをザルツァッハ川沿いに南へとさかのぼった場所にあるヴェルフェンは、周囲をアルプス山系のテネン山脈に囲まれたザルツァッハ渓谷にある、風光明媚な町。この町を見下ろすように高さ六二三メートルの絶壁の上に建つのが、ホーエンヴェルフェン城だ。映画『サウンド・オブ・ミュージック』にも登場したほか、クリント・イーストウッド主演の映画『荒鷲《あらわし》の要塞』が撮影された場所としても知られる。

城を建てたのは、ザルツブルクの大司教ゲプハルト一世。教皇派だった大司教が、当時敵対していた皇帝派に対抗して建てた要塞のひとつで、ホーエンザルツブルク城などと共に一〇七五～一〇七八年にかけて建設された。このため、ホーエンザルツブルク城の姉妹城とも呼ばれる。

その後、城は数世紀にわたり軍事基地や大司教の住居兼猟館として利用されたほか、牢獄としても利用され、時には大司教自身が幽閉されることもあったという。現在は武器や拷問具などを展示する博物館となっているほか、名物の伝統的な猛禽類による鷹狩りショーも見ごたえ満点。

ホーエンザルツブルク城と雰囲気が似ているホーエンヴェルフェン城。絶壁に建つ城までは、ケーブルカーで上ることができる。

Column フランス・ロワール渓谷の町

◆ロワール渓谷とは？

フランス中央部を流れるロワール川は、全長約1020㎞のフランス最長の川。その流域はロワール渓谷と呼ばれ、300を超える大小の古城が現存している。「フランスの庭園」という別名がつくほど風光明媚な景観で知られ、古くから王侯貴族に愛されてきたこの地は、2000年に世界遺産に登録された。

ロワール渓谷には景観の美しさだけでなく、魅力的な町がいくつも点在する。それらのなかから、特に見どころの多い町を紹介しよう。

◆ナント

ブルターニュ半島の南東部に位置するナントは、ロワール渓谷最大の都市。16世紀中頃までブルターニュ公国の中心地であり、古城や教会など美しい歴史的建造物が多数現存している。市街はロワール川によって南北に分かれ、クルーズが人気。

◆アンジェ

メーヌ・エ・ロワール県の県庁所在地であるアンジェは、古代ローマ時代から続く歴史ある町。11世紀に建てられたアンジェ城は城壁が全長660m、17の円塔を有する要塞のような堅固な城で、アンジェを代表する観光地となっている。

◆ル・マン

「ル・マン24時間耐久レース」の開催地としても知られる町。ル・マン旧市街に建つサン＝ジュリアン・デュ・マン大聖堂はフランス最大級の大聖堂で、内部にある12世紀に造られたという、フランス最古のステンドグラスで有名。

◆オルレアン

フランス中部のオルレアンは、百年戦争で活躍した「オルレアンの乙女」と呼ばれるジャンヌ・ダルクにより、陥落寸前だったところを救われた都市。ゴシック建築のサント・クロワ大聖堂には、ジャンヌの生涯を描いたステンドグラスがある。

◆ブールジュ

ロワール川流域の南東部に位置するブールジュは、14～15世紀にかけて芸術が花開いた町。その町の中心に建つサン・テティエンヌ大聖堂は、フランス・ゴシック建築の傑作として知られ、1992年に世界遺産に登録されている。

◆サンセール

「丘の上の町」として知られているサンセールは、ロワールワインの最上流産地として世界的に有名。広大なブドウ畑の間をロワール川が流れ、主に辛口の白ワインを醸造しているが、近年は赤ワインやロゼワインの醸造も盛んになっている。

Column　ドイツ・メルヘン街道の町

◆メルヘン街道とは？

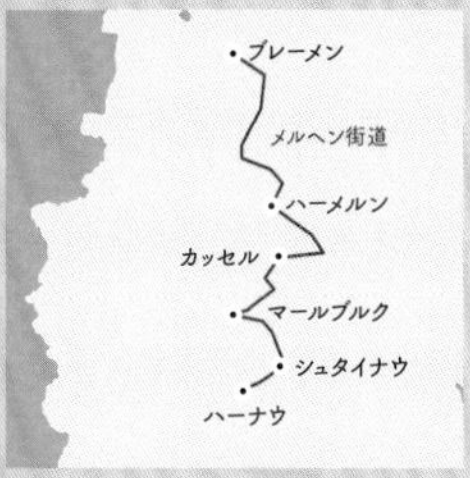

　メルヘン街道は、グリム兄弟の生誕地であるハーナウから童話で知られるハーメルンを経て、ドイツ北部の都市ブレーメンを結ぶドイツ観光街道のひとつ。
　全長600kmのこの街道沿いには、グリム兄弟と彼らによって生み出された童話や伝説ゆかりの地が多く点在している。街道の起点となるハーナウは、フランクフルトから東に約18kmと程近く、アクセスの良さも魅力。70以上の町が参加しているメルヘン街道のなかから、今回は特に外せないスポットを紹介しよう。

◆ハーナウ

ヤーコプとヴィルヘルム・グリムが編集した『グリム童話』は、1812年の出版以来世界中で親しまれている童話集。そして「グリム兄弟の町」と呼ばれるのが、彼らの生誕地であるハーナウ。旧市庁舎前の広場にはふたりの銅像が設置されている。

◆シュタイナウ

人口約1万人の小さな町、シュタイナウは、グリム兄弟が幼少期を過ごした地。実際に兄弟が住んでいた家が現存しており、唯一当時のまま保存されている。また16世紀に建てられたシュタイナウ城は、「グリム兄弟記念室」として公開されている。

◆マールブルク

ドイツ西部ヘッセン州に位置するマールブルクは、ドイツらしい石畳の道やカラフルな木骨組みの家々が建ち並ぶこぢんまりとしたかわいらしい町。グリム兄弟が通ったマールブルク大学もあり、「学生の町」としても知られている。

◆カッセル

メルヘン街道の中心地であるカッセル。市内西部の丘の上にはヨーロッパ最大規模の公園である、「ベルクパルク・ヴィルヘルムスヘーエ」が鎮座している。1696年に建設が始まったとされ、カスケードという人工の階段状の滝で有名。

◆ハーメルン

童話『ハーメルンの笛吹き男』で有名な町。この話は史実に基づく伝説とされ、実際に、1284年に130人もの子どもたちが消失した事件があったといわれている。町には中世の面影が色濃く残り、町中に伝説のモチーフが散りばめられている。

◆ブレーメン

ドイツに11あるヨーロッパ大都市圏のひとつである、ブレーメン。北ドイツのハンザ同盟都市として繁栄し、旧市街には歴史的建造物が多く建ち並ぶ。童話『ブレーメンの音楽隊』で知られ、マルクト広場の市庁舎の側には動物たちの銅像が立つ。

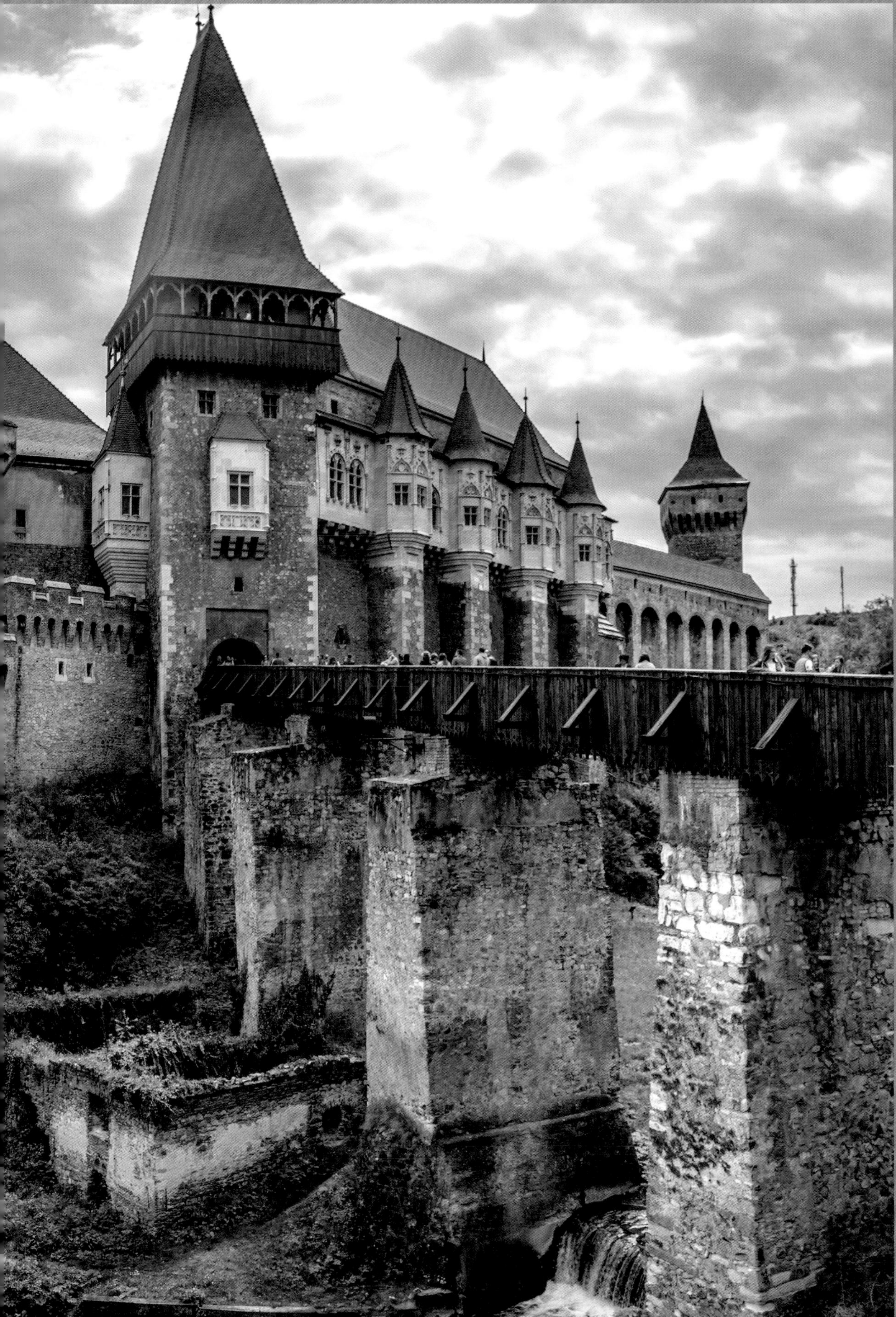

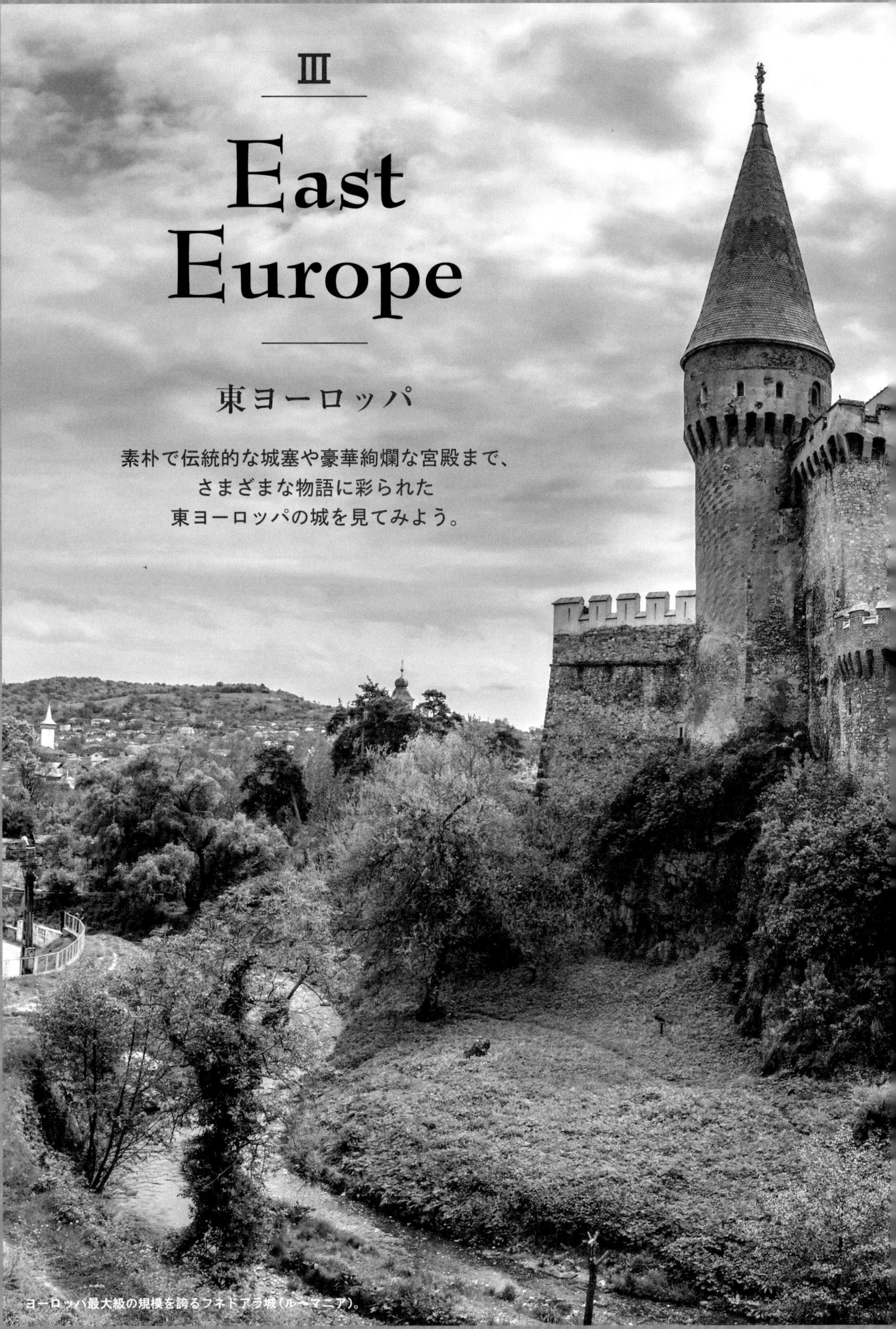

III

East Europe

東ヨーロッパ

素朴で伝統的な城塞や豪華絢爛な宮殿まで、
さまざまな物語に彩られた
東ヨーロッパの城を見てみよう。

ヨーロッパ最大級の規模を誇るフネドアラ城（ルーマニア）。

Malbork Castle
マルボルク城

ドイツ騎士団の本拠地、
ヨーロッパ最大のゴシック建築

ポーランド北部の都市マルボルクにある、ドイツ騎士団の拠点となった城。13世紀後半から約230年かけて建設され、1997年に世界遺産に登録された。

Recommend

| ヴァヴェル城 |

ポーランドを代表する城としてマルボルク城と並び称されるのが、古都クラクフに建つヴァヴェル城。「クラクフ歴史地区」として世界遺産に登録されている旧市街のヴァヴェルの丘に建ち、大聖堂をはじめ歴史的な建造物が多く残されている。

ノガト川の河岸に建ち、ヨーロッパ最大のゴシック建築としても名高いマルボルク城。この城は、中世ヨーロッパの三大宗教騎士団のひとつ、ドイツ騎士団の本拠地であった。

ドイツ騎士団とは、十二世紀末にパレスチナを巡礼する信徒を守るために組織されたカトリックの修道会。十三世紀前半にポーランド王コンラット一世に招聘《しょうへい》されると、バルト海沿岸の守備を行ないつつ領土を広げ、マルボルク城を築き騎士団国家を誕生させた。騎士団の隆盛とともに、約二三〇年の歳月をかけて徐々に増築されていった城は、八〇〇人以上の兵士が暮らす難攻不落の城塞へと変貌を遂げたのである。

ハンザ同盟と組んで巨万の富を築いたドイツ騎士団は十四世紀に最盛期を迎えるが、次第に主要都市の反感を買うようになる。さらに一四一〇年の「タンネンベルクの戦い」でポーランド・リトアニア連合軍に敗れると衰退の一途をたどり、やがてポーランド王国に支配された。

赤茶色の城壁や文様、アーチを描いた回廊は壮麗で美しく、かつての騎士団の栄光がしのばれる。

ノガト川の対岸から、赤れんが造りの巨大なマルボルク城を望む。騎士団の本拠にふさわしい威容だ。

Trakai Island Castle

トラカイ島城

湖上に築かれた
赤れんが造りの古城

リトアニア南東部の湖畔のリゾート地、トラカイ。ガルヴェ湖の小島に14～15世紀に築かれた赤れんが造りの城で、国内きっての観光地となっている。

Recommend

| 十字架の丘 |

トラカイから北西へ車で約3時間の町、シャウレイ郊外には、約5万もの十字架が立つ「十字架の丘」がある。19世紀、ロシアに対する蜂起(ほうき)で亡くなった兵士を悼んで十字架を持ち寄ったのが始まりとされ、現在はカトリックの巡礼地となっている。

トラカイ島城は、周囲に点在する二〇〇の湖のうち最大を誇り、二一の小島が浮かぶガルヴェ湖上に築かれた赤れんが造りの城だ。

十四世紀後半、当時ヨーロッパ最大の勢力を誇ったリトアニア大公国の君主ケストゥティスにより、王の住居兼宝物庫として建設が始まった。その頃、トラカイは国の政治・行政上の中心であり、城も戦略的に重要な位置にあった。また、多神教が主流だったリトアニアは、キリスト教国のドイツ騎士団などから幾度も攻撃され、城も大きな損害を被った。

その後、君主の息子ヴィタウタスにより工事が再開。高さ三五メートルの塔など要塞としての機能が追加され、一四〇九年に完成した。以後も拡張工事は継続されるが、翌年の「タンネンベルクの戦い」でリトアニア・ポーランド連合軍がドイツ騎士団に大勝すると、城は軍事的な重要性を失うこととなる。

後に牢獄としても使用されるが、十七世紀に起きたモスクワ大公国との戦争で損壊。荒廃の一途を辿ったが、現在は改修され、リトアニアの歴史博物館として公開されている。

赤いとんがり帽子のような屋根が特徴のトラカイ島城。外観が似ていることから、地元では「小さなマルボルク城」と呼ばれている。

ヴルタヴァ川の旧市街側にある展望台から望む、夕暮れのプラハ城。

Prague Castle
プラハ城

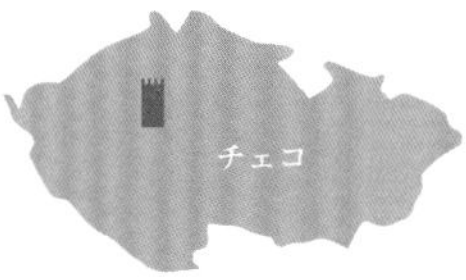

「黄金の都」プラハを象徴する世界最大級の城

プラハ旧市街にあるプラハ城は、かつてはボヘミア国王や神聖ローマ帝国皇帝の居城であり、チェコを代表する史跡である。1992年に「プラハ歴史地区」の一部として世界遺産に登録された。

「黄金の都」や「千年の都」と称されるチェコの首都、プラハ。十四世紀より神聖ローマ帝国の首都として栄え、今なお歴史的建造物や古くからの街並みが残る。なかでも世界遺産に登録されている旧市街には、十一〜十八世紀にかけて建てられた建物が数多く残り、多くの尖塔があることから「百塔の街」とも呼ばれる。

そんな旧市街を流れるヴルタヴァ川沿いにそびえ立つプラハ城は、チェコの象徴ともいえる巨大な城。九世紀末、当時ボヘミア公だったボジヴォイ一世により創建されたとされ、かつてはボヘミア国王やローマ皇帝の住居として使用されていた。

城内には各時代ごとに異なる建築様式で造られた建物が点在しており、特にゴシック建築の代表格である聖ヴィート大聖堂は有名。国内最大の教会で、聖堂内には歴代ボヘミア王が葬られている。高さ九九メートルの鐘楼を備えたダイナミックな外観は圧巻で、内部の豪華な装飾は目を見張るばかり。現在は城の一部に大統領府が置かれており、そのほかの大部分は国立美術館や博物館として一般公開されている。

【上】聖ヴィート大聖堂内部(STLJB / Shutterstock.com)。【下／左】高さ88mのふたつの尖塔が印象的な聖ヴィート大聖堂のファサード。中央の円窓はゴシック様式特有の「バラ窓」で、直径は約10m。【下／右上】柱のない空間を支える天井様式「リブ・ヴォールト」が美しい旧王宮内の「ヴラディスラフ・ホール」(Jaroslav Moravcik / Shutterstock.com)。【下／右下】上空から見たプラハ城。

Recommend

| 文豪カフカも暮らした「黄金小路」|

城壁横の路地にカラフルな家が並ぶ「黄金小路」。若返りの薬と賢者の石を求めたルドルフ2世が、錬金術師を住まわせたのが名前の出来。作家フランツ・カフカの仕事場「カフカの家」(写真手前)も現存する。(Renata Sedmakova / Shutterstock.com)

| 赤い城館、トロヤ城 |

1679〜1691年にかけて、プラハ郊外に貴族の別荘として造られたバロック様式の赤い城館、トロヤ城。現在はプラハ市美術館の分館となっており、正面階段の見事な彫刻や、城内を彩るバロック様式の鮮やかなフレスコ画は必見の美しさ。

Karlštejn Castle
カルルシュテイン城

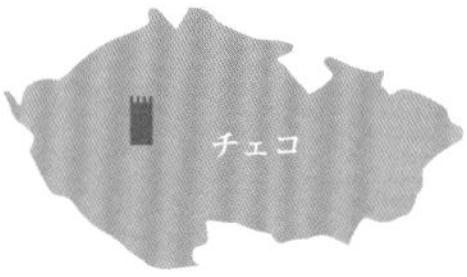

王家の財宝を守り続けてきた
カレル４世のこだわりの城

プラハ近郊の村カルルシュテインにあるネオ・ゴシック様式の城。1365年、神聖ローマ皇帝カレル４世により建てられ、宝物の保管場所や別荘に使われた。

Recommend

| カレル４世と聖十字架礼拝堂 |

高さ60mの大尖塔内にある聖十字架礼拝堂は、戴冠式用の宝物や聖遺物などを保管する宝物庫としても利用された場所。非常に信心深かったカレル４世は、この礼拝堂を敬って３つの鉄扉と９つの錠で守らせ、裸足で入室したという。

プラハの南西約三〇キロにある小さな村カルルシュテインに、チェコで最も人気の高い観光地のひとつ、カルルシュテイン城がそびえる。

城はボヘミア王でもあった神聖ローマ皇帝カレル（カール）四世の命により、夏の別荘として、また王家の財宝や聖遺物、戴冠式で用いられる宝物の保管場所として一三四八年に着工された。皇帝自ら建設中の城にとどまって工事と内装を監督するほどのこだわりようで、大尖塔内に設けられた聖十字架礼拝堂の献堂式とともに、一三六五年に完成した。

その後、幾度かの改築や火事による損傷などを経た城は、一六四八年にスウェーデンによる征服後、荒廃。現在の姿は、十九世紀末に建築家のヨゼフ・モツケルによってネオ・ゴシック様式に再建されたものだ。

興味深いのは、部屋の重要度によって下から上へと段階的に配置されている点。一番下に「城伯の城」と井戸、その上に王の寝室と従臣や貴族の寝室がある「皇帝の城」、その上に祈禱所のある聖マリア小塔、一番上に王家の財宝を保管する聖十字架礼拝堂がある。見事な室内装飾や戴冠式用宝石のレプリカも必見の美しさ。

緑豊かな小高い山の上に建つカルルシュテイン城。かつて城内にあった戴冠宝物は、現在プラハの聖ヴィート大聖堂に保管されている。

Hluboká Castle

フルボカー・ナト・ヴルタヴォウ城

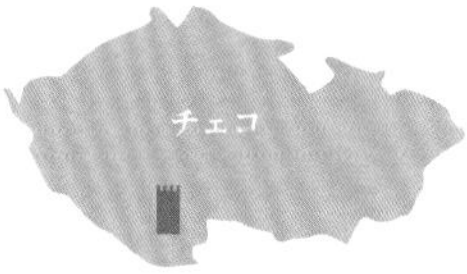

「チェコで最も美しい城」とうたわれる ロマンチックな白亜の城

チェコ南部の町、フルボカー・ナト・ヴルタヴォウの丘の上に建つ白亜の城。13世紀にゴシック様式で築城後、19世紀にネオ・ゴシック様式に改築された。

Recommend

|チェコで最も美しい町、チェスキー・クルムロフ|

城のそばを流れるヴルタヴァ川を上流へ約30kmさかのぼると、世界遺産の町、チェスキー・クルムロフがある。街にはクルムロフ城や聖ヴィトゥス教会をはじめとする中世の歴史的建造物が建ち並び、「チェコで最も美しい町」とも称されている。

ボヘミア王オタカル二世の時代に建設され、王国の交通の要衝として発展した古都、チェスケー・ブジェヨヴィツェ。そのすぐ北にある小さな町フルボカー・ナト・ヴルタヴォウに、オタカル二世が所有していたフルボカー・ナト・ヴルタヴォウ城が建つ。小高い丘の上にそびえるロマンチックな白亜の城は、チェコで最も美しい城とうたわれている。

いつ誰がこの城を建てたかは定かではないが、その歴史は十三世紀のオタカル二世の代に始まり、約三世紀にわたって歴代ボヘミア王に所有された。当初はゴシック様式の城だったが、一八七一年に当時の城主でドイツ出身の人貴族、シュワルツェンベルク家により現在のネオ・ゴシック様式の外観へと改築された。その際にはオーストリアから建築家を呼び寄せ、イギリスのウィンザー城を参考に豪華絢爛な装飾を施して、高価な家具や美術品が集められた。

城内はガイドツアーでのみ見学でき、素晴らしい装飾が施された天井や巨大なタペストリーが飾られた大食堂、一万二〇〇〇冊の蔵書が並ぶ図書室などを見ることができる。

フルボカー・ナト・ヴルタヴォウ城正面。最も高い塔の上からは、素晴らしい絶景が望める(Konoplytska / Shutterstock.com)。

06

スロバキア

周囲を堀に囲まれたボイニツェ城。地下には洞窟があり、そこから城内に入るツアーが始まる。

Bojnice Castle

ボイニツェ城

22年の歳月をかけて再建された
ネオ・ゴシック様式のメルヘンチックな城

スロバキア中西部の都市、ボイニツェにある中世の城。12世紀の創建後、さまざまな様式で改築され、20世紀にネオ・ゴシック様式へと改修された。そのメルヘンチックな外観から、映画の撮影地としても人気がある。

童話のなかに登場するようなメルヘンチックな外観から、多くの映画の撮影地になったボイニツェ城。一一一三年に木造の砦《とりで》として初めて記録文書に登場すると、その後石造りのゴシック様式の城へと改修され、十五世紀にはハンガリー王マーチャーシュ一世に所有された。そして一五二八年に城主となったハンガリーの実業家トゥルゾー家がルネサンス様式の城へと大改修して以降、各時代の城主が改築を続けた。

城を現在の姿に変えたのは、ハンガリーの貴族パルフィー伯爵。彼は一八八八年から二二年の歳月をかけ、フランス・ロワール渓谷の城などをモデルにネオ・ゴシック様式の城へと再建した。建築家でグラフィックデザイナー、美術品の収集家でもあった伯爵は、自ら城の再建に加わり情熱を注いだが、一九〇八年、「城を博物館として公開するように」と遺言を残し、完成を見ず亡くなった。

その遺言通り、城は現在スロバキア国立博物館の一部として公開されている。黄金の葉で天井が覆われた「黄金の間」をはじめとする見事な室内装飾は必見の美しさだ。

【上】細やかな装飾が細部まで施されたダイニングルーム（Egeris / Shutterstock.com）。【下／左】現在も結婚式などで利用されている城内の礼拝堂（Egeris / Shutterstock.com）。【下／右上】城内最大の見どころである「黄金の間」。天使の彫刻が並ぶ天井は金箔で覆われている（DMZ001 / Shutterstock.com）。【下／右下】素晴らしいアンティークの家具も見どころ（Egeris / Shutterstock.com）。

Recommend

| ボイニツェ城公園 |

公園として無料開放されている城の庭園。広大な敷地には、国内最古の木のひとつで樹齢約700年のマーチャーシュ王のリンデンの木をはじめ、多種多様な樹木が植えられているほか、国内最古の歴史を誇るボイニツェ動物園も併設されている。

| ブラチスラヴァ城 |

城の南西約200kmにある首都、ブラチスラヴァを見下ろす岩丘の上に建つ巨大な城で、かつてマリア・テレジアも暮らした。四隅の塔をテーブルの脚に見立て、「ひっくり返したテーブル」という愛称で人々から親しまれている。

Spiš Castle
スピシュスキー城

大草原にそびえる
中欧最大規模の白亜の城塞

スロバキア東部の草原地帯に建つ城。1993年に「レヴォチャ歴史地区、スピシュスキー城及びその関連する文化財」の一部として世界遺産に登録された。

Recommend

| レヴォチャ歴史地区 |

スピシュスキー城から西へ車で20分ほどの場所にあるレヴォチャ。13〜14世紀に成立した歴史ある都市で、城壁で囲まれた旧市街は保存状態がよく、旧市庁舎(写真)をはじめとして、ルネサンス様式の歴史的建造物が数多く残されている。

スロバキア東部の町、スピシュスケー・ポドフラジエ郊外に広がる大草原。その草原を見はるかす丘の上に建つスピシュスキー城は、中央ヨーロッパでも最大規模を誇る巨城だ。

城の建造は一二四一年。かつてスラヴ人の城があった場所に、タタール人の侵入に備えて築かれた。当初はロマネスク様式の石造りの要塞だったが、十五世紀中頃に二階建ての宮殿と三つの本堂を備えたゴシック様式の城へと再建された。

その後も時代ごとに代わった城主によって、城の増改築は十六世紀まで続き、最終的には典型的な後期ルネサンス様式の城として完成。度重なる増改築により、まるで迷路のように入り組んだ構造の城になった。

最後の所有者であるツサースキー家が、生活の不便さから十八世紀初頭に転居すると、一七八〇年に火災に遭って以降放置され、廃墟と化してしまう。その後、スロバキア政府の国有地となった二十世紀、城跡の復元を目的とする調査が始まると徐々に復元作業が進められ、現在は再建された城郭の一部が博物館として公開されている。

緑の草原が広がる丘の上に建つスピシュスキー城。城の周辺ではパラグライダーが体験でき、真上から城を見下ろすことも可能。

Swallow's Nest
スワローズ・ネスト

黒海に張り出した絶壁に建つ
スリリングな「ツバメの巣」

ウクライナ南部、黒海を望む岬の先端に建てられた城館。その立地から「ツバメの巣」と呼ばれ、1912年にドイツ人貴族によって改築された。

Recommend

|「愛のトンネル」|

ウクライナ北西部のクレーヴェン村郊外にある、木々に囲まれた全長約3kmのトンネルで、恋人と手をつないで歩くと願い事がかなうという言い伝えが名前の由来。クレーヴェンとオルツィヴを結ぶ鉄道の線路上にあり、今も木材を運搬する列車が通る。

ウクライナ南部、黒海に突き出たクリミア半島南端に位置する小さなリゾート地、ガスプラ。美しい海に面するこの町には、「ツバメの巣」と呼ばれる城、スワローズ・ネストが建つ。高さ約四〇メートルのアイ・トドール岬の先端ぎりぎりに築城されており、今にも海に落ちてしまいそうな姿は、まさにツバメの巣。その珍しいロケーションと白亜の城館が、多くの観光客を集めている。

もともとこの地には、ロシアの将校が一八九五年頃に建てた「ラブ・キャッスル（愛の城の意）」と呼ばれる小さな木造のコテージがあった。一九一一～一九一二年にかけてその別荘をネオ・ゴシック風の城に改築したのが、黒海の石油産業に進出していたドイツの石油王、フォン・シュテンゲル男爵である。

一九〇〇年代半ばには地震によって被害を受けたが、修復後は人気の高級レストランとして利用されていた。クリミア半島のシンボル的存在となった現在は、観光客が絶景を求めて訪れる名所として、また展覧会やダンス大会などが行なわれるイベント会場として使用されている。

絶壁ぎりぎりに建つスワローズ・ネスト。展望バルコニーから見渡す白く波立つ黒海の雄大さは、筆舌に尽くしがたい。

荘厳なマーチャーシュ教会内部。歴代ハンガリー王の戴冠式が行なわれた（Luciano Mortula - LGM / Shutterstock.com）。

Buda Castle
ブダ城

**ハンガリーの苦難と栄光の歴史を刻む
壮麗な王城**

ハンガリーの首都ブダペストの高台に建つ、巨大な城。1987年に世界遺産に登録され、2002年に「ドナウ河岸、ブダ城地区及びアンドラーシ通りを含むブダペスト」として拡大登録された。

ドナウ川を挟んで東西に築かれたブダ地区とペスト地区から成るハンガリーの首都、ブダペスト。中欧屈指の大都市として知られ、その街並みの美しさから「ドナウの真珠」と称されている。

なかでもブダ地区の「王宮の丘」と呼ばれる丘陵地帯に建つブダ城は、圧倒的なスケールと存在感で見る者を魅了し続ける、ブダペストのシンボルだ。城の基底には古代ローマ時代の遺跡も残るが、起源は十三世紀にハンガリー王ベーラ四世が、ドナウ川の河畔に居城を築いたことに始まる。以降、歴代の王により増改築が繰り返されたが、十七世紀にオスマン軍の攻撃で破壊されてしまう。

女帝マリア・テレジアの指揮の下、城が部屋数二〇〇を超える巨大な宮殿へと変貌したのは、十八世紀。その後も火災や第一次、第二次両大戦で被災したが、そのたびに修復され、ゴシック、バロックなど各時代の建築様式が混在した現在の姿となった。

小さな町に匹敵するほどの威容を誇るこの城は、現在は国立美術館や歴史博物館としても利用されており、ブダペスト観光の目玉となっている。

【上】ドナウ川対岸からライトアップされた城とセーチェーニ鎖橋を望む。【下／左】14世紀後半に後期ゴシック様式で建設されたマーチャーシュ教会。完成時はユニークなデザインが大論争を巻き起こした。【下／右上】20世紀初頭建造の要塞「漁夫の砦」。ここに漁師組合または魚市場があったのが名前の由来。【下／右下】王宮の丘とふもとをつなぐレトロなケーブルカー（T.W. van Urk / Shutterstock.com）。

Recommend

| 聖イシュトバーン大聖堂 |

ドナウ川を挟んでブダ城の反対側に建つ、ブダペストで最も高い建造物のひとつ。1851年から約50年もの歳月をかけて完成した巨大なカトリック聖堂で、建国の父といわれるハンガリー初代国王、聖イシュトバーンの右手のミイラが保管されている。

| ハンガリー国会議事堂 |

ハプスブルク帝国からの独立を国内外に示すことを目的に、1904年に建造されたゴシック・リヴァイヴァル様式の壮麗な国会議事堂。691もの部屋を備えるほか、王が代々受け継いだ聖イシュトヴァーンの王冠などの戴冠式用の品が展示されている。

Vajdahunyad Castle
ヴァイダフニャディ城

**建国1000年を記念して建てられた
ハンガリーの建築史を今に伝える城**

ハンガリーの首都ブダペスト14区にある市民公園内に建つ城。1896年に建国1000年を記念して建てられ、1908年に現在の姿になった。

Recommend

| セーチェーニ温泉 |

城が建つ公園ヴァーロシュリゲットには、動植物園や美術館、サーカスなどのほか、ヨーロッパ最大の温泉、セーチェーニ温泉がある。まるで宮殿のようなバロック・リヴァイヴァル建築の建物で、多くの人々でにぎわう。(Konoplytska / Shutterstock.com)

広大な市民公園、ヴァーロシュリゲット内に建つヴァイダフニャディ城は、一八九六年にハンガリーの建国一〇〇〇年を記念して開催された博覧会の際に、パビリオンのひとつとして建てられた城館だ。

当時公園内に建てられた建物のうち唯一現存するのがこの城で、もともとは段ボールと木材で造られた簡素なものだったが、城の人気の高まりを受け、一九〇四〜一九〇八年にかけて、石とれんが造りの城として再建された。現在は、ハンガリーの農業の歴史を紹介する農業博物館として一般に公開されている。

最大の特徴は、ロマネスク、ゴシック、ルネサンス、バロックなど、複数の建築様式が混在している点。これは、博覧会の開催にあたり「ハンガリーに存在したあらゆる様式を提示できる建築物であること」という条件があったため。

この難題に応えたのがハンガリー人の建築家アルパール・イグナーツで、各時代・各様式で建てられたハンガリー各地にある二一もの建物を組み合わせ、異なる様式から成る城を見事に造り上げたのである。

秋のヴァイダフニャディ城。さまざまな建築様式が見事に融合しているのが分かる。

Predjama Castle
プレジャマ(プレッドヤマ)城

高さ123mの断崖絶壁に同化して建つ ミステリアスな洞窟城

スロベニア南西部の町ポストイナ近郊にある、高さ123mの断崖絶壁の途中に築かれた城。13世紀に要塞として築城後、16世紀に再建され現在に至る。

Recommend

|ポストイナ鍾乳洞|

城から9kmの場所にある、地下水流の浸食で形成された総延長24kmに及ぶ巨大な洞窟。内部へはトロッコ列車で入ることができ、1万人を収容できる「コンサートホール」や、目が退化した両生類ホライモリなどを見学できる。(weniliou / Shutterstock.com)

「洞窟の前」を意味する名前の通り、高さ約一二三メートルの断崖絶壁の中腹に開いた洞窟の入り口に建つ、プレジャマ(プレッドヤマ)城。別名「洞窟城」とも呼ばれ、自然の岩壁に同化した姿とその奥に洞窟が続くユニークな構造から、多くの映画やゲームの撮影地となった。

一二七四年にゴシック様式の城として建設されたという記録が最初のもので、内部には居住部分があるほか、奥には秘密の通路が全長約十四キロにわたって延びている。

城を有名にしたのは、十五世紀に実在した騎士ェラゼム。彼は当時この地を支配していたオーストリア帝国に反抗する情熱的な人物で、裕福な貴族から金品を奪い、貧しい人に分け与える義賊でもあった。オーストリア軍から追われたエラゼムが城に籠城した際は、秘密の通路を使って食料を確保し生き延びたという。しかし、最後は仲間の裏切りで命を落としたという伝説があり、城では今も不思議な現象が起こるのだとか。

十六世紀に地震で大きな被害を受けるが、一五七〇年にルネサンス様式で再建され、現在に至る。

ファンタジー好きにはたまらない外観。城内にはさまざまな部屋やキッチン、牢屋などが残されており、洞窟と共に見学できる。

かつてハンガリーに属し、国内屈指の名城として知られていたフネドアラ城は、ヴァイダフニャディ城のモデルのひとつにも選ばれた。

Corvin Castle

フネドアラ（コルヴィン）城

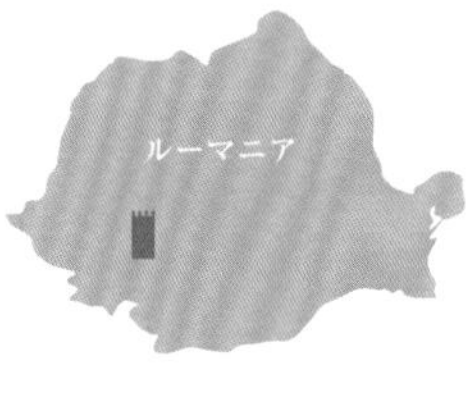

ルーマニア七不思議のひとつに数えられる ヨーロッパ最大級の名城

ルーマニア西部の町フネドアラにあるヨーロッパ最大規模の城で、フニャド城やコルヴィン城とも呼ばれる。14世紀の城を基礎に、ハンガリー総督フニャディ・ヤーノシュにより15世紀に建設された。

　フネドアラ（コルヴィン）城が建つトランシルヴァニア地方は、第一次世界大戦までハンガリー領だった歴史をもつ。城もまた、十四世紀初頭にハンガリー王カーロイ一世による創建後、一四四六年にハンガリーの軍事指導者で王の摂政だったフニャディ・ヤーノシュが、ルネサンス・ゴシック様式の城へと再建し、居城とした。このため、城は別名「フニャド城」や、フニャディ家の紋章に描かれたカラスに由来して「コルヴィン（カラスの意）城」とも呼ばれる。

　その後、数世紀にわたって落雷や戦争で何度も破壊と修復を繰り返した城は、長い間放置された後、十九世紀に現在の姿へと修復された。

　なお、ヤーノシュの息子でハンガリーの黄金期を築いた王、マーチャーシュ一世は、「吸血鬼ドラキュラ」のモデルとして有名なヴラド三世を幽閉したことでも知られ、城にはヴラド三世が幽閉されていたという伝説もある。真偽のほどはともかく、荘厳で重厚な外観やズラティ川の上に架けられた城へと続く細く長い橋など、伝説が生まれるのも納得のミステリアスな魅力に満ちた城だ。

【上】城に続く橋はかなり高さがあり、冒険心をかき立てられる。【下／左】晩さん会などが開かれた「騎士の間」。下にはヴラド３世が幽閉されたという地下牢がある（Lukas Bischoff Photograph / Shutterstock.com）。【下／右上】ミステリアスな雰囲気を盛り上げる雨どいの装飾（Bogdan Vacarciuc / Shutterstock.com）。【下／右下】素朴で繊細な民芸品も見どころ（Matteo Gabrieli / Shutterstock.com）。

Recommend

| トランシルヴァニア屈指の古都、シビウ |

フネドアラ城から東へ130kmほどの町シビウは、12世紀にトランシルヴァニアに入植したドイツ人によって建設された。旧市街の見どころが集まるアッパータウンには、絵本から飛び出したようなドイツ風のかわいらしい街並みが広がっている。

| 大学都市クルジュ・ナポカ |

城の北約180kmにある町。先史時代からの歴史をもつトランシルヴァニアの中心都市である一方、多数の大学が集中する大学都市でもあることから、伝統的かつ開放的な雰囲気が共存する過ごしやすさが魅力だ。（Whiteaster / Shutterstock.com）

山中に白い壁と赤い屋根が映えるブラン城。敷地内にはこの地方の伝統的な農村の建物が展示された野外博物館がある。

Bran Castle
ブラン城

ドラキュラ城のモデルとされる
山中にそびえる美しい城

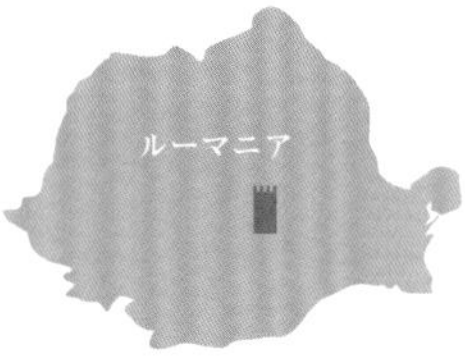

ルーマニアのトランシルヴァニア地方、ブラショフ県南部の山中に建つ中世の美しい古城。14世紀に建てられた城塞で、小説『吸血鬼ドラキュラ』に登場する城のモデルになったことで広く知られている。

深い山中に堂々とそびえ立つブラン城。別名「ドラキュラ城」とも呼ばれ、小説『吸血鬼ドラキュラ』に登場する城のモデルとされている。

城が建つ場所には、当時ハンガリー王からトランシルヴァニアを所領として与えられていたドイツ騎士団が十三世紀に建てた要塞があったと考えられており、現在の建物は一三七七～一三八八年にかけて建設後、ハンガリー王家の所有となった。以降、時代とともに所有者を変えてきた城は、現在一部が博物館として公開されており、陶器、家具、武器や甲冑などが展示されている。

ブラン城が「ドラキュラ城」と呼ばれる一因となったのは、一四〇七年、ハンガリー王ジギスムントが、オスマン帝国からの侵略に対し、同盟関係を結んでいたワラキア公国のミルチャ一世に、城の所有権を譲渡したことによる。このミルチャ一世は、ドラキュラ伯爵のモデルとされる残忍な「串刺し公」、ヴラド三世の祖父にあたるが、ヴラド三世自身はブラン城に住んだことはなく、捕らわれの身となった際、二カ月間だけ幽閉されていたという。

【上】雪化粧の冬のブラン城。城の裏側は、岩壁と同化するようにして築かれている。【下／左】城内にある秘密の抜け道。【下／右上】音楽室や図書室として使用されていた部屋(GTS Productions / Shutterstock.com)。【下／右下】井戸のある中庭をぐるりと城館が取り囲むような造りになっており、井戸は抜け道とつながっているという噂も(GTS Productions / Shutterstock.com)。

Recommend

|『吸血鬼ドラキュラ』|

小説『吸血鬼ドラキュラ』はトランシルヴァニア地方の伝承がヒントとされ、作品に登場する城もブラン城がモデルだとされる。城では毎年ハロウィンイベントが開かれ、城内にはミステリアスな装飾が施される。(FrimuFilms / Shutterstock.com)

|スファトゥルイ広場|

ブラショフ旧市街の中心にある広場。14～15世紀に建造され、火災で壁が焦げた「黒の教会」や、高さ60mの鐘楼をもつ1420年建造の旧市庁舎(写真)など、中世の建造物が広場を取り囲むように立ち並ぶ。(Balate Dorin / Shutterstock.com)

Peleş Castle
ペレシュ城

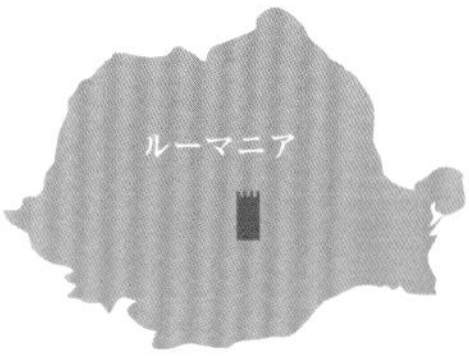

**初代ルーマニア国王が築いた
華麗な夏の離宮**

ルーマニア中央部の都市シナヤに建ち、国内随一の美しさを誇る城。1875年から39年の歳月をかけ、ルーマニア初代国王カロル１世によって築かれた。

Recommend

| ペリショール城 |

城から数百m上った場所にある、カロル１世がペレシュ城と共に建てた、狩猟用の小さな城館。1902年に完成した中世ドイツ風の木骨組みのかわいらしい外観の建物で、アールヌーヴォー調の家具や豪華な室内装飾は必見の美しさだ。

壮大な山々が連なるカルパチア山脈のふもと、標高約八〇〇メートルの山岳地帯に広がる都市、シナヤ。十八世紀にはブカレストの王侯貴族の別荘地として栄え、現在は国内随一のリゾート地として知られている。この町のシンボルとなっているペレシュ城は、ルーマニア初代国王カロル一世の指揮の下、王室の夏の離宮として一八七五年に着工され、増築を重ねて一九一四年に完成した。建設には王室の自己資金が投じられ、総額は現在の日本円でおよそ一一〇〜一二〇億円にも及んだという。

さまざまな要素が混在するこの城は、ドイツ・ルネサンス様式と呼ばれる、ルネサンス、バロック、ロココそれぞれの特徴を取り入れた建築様式で築かれている。城の至る所に施された彫刻は緻密で美しく、重厚な空間を演出している。こうした優美な造りから、ルーマニアで最も壮麗な城と称されている。

現在、ペレシュ城は博物館として一般公開されており、宮殿内の一六〇以上におよぶ部屋には、カロル一世が収集した絵画、彫刻、陶磁器、宝飾品、武具などが展示されている。

秋のペレシュ城。城の前には、建国の父として今も国民に崇敬されているカロル１世の銅像が置かれている。

Winter Palace
冬宮殿

世界屈指の美術館となった ロシア皇帝の冬の離宮

ロシア北西部の都市サンクトペテルブルクにある、18世紀に建造されたロシア帝国の宮殿。現在はエルミタージュ美術館の本館として使用されている。

Recommend

| ミハイロフスキー宮殿 |

冬宮殿の東に建つピンク色の宮殿で、現在はロシア美術館の本館として使われている。エカテリーナ２世の息子パーヴェル1世が、母の影響の強く残る暗殺と陰謀の巣窟だった冬宮殿を忌み嫌い、自身の身を守るために1801年に建設したという。

アメリカのメトロポリタン美術館、フランスのルーブル美術館と並び、世界三大美術館に数えられるエルミタージュ美術館。この美術館がほかと一線を画すのは、現在、本館として使われている建物が、冬宮殿と呼ばれるロシア帝国の宮殿だったこと。

冬宮殿は一七五四～一七六二年にかけ、サンクトペテルブルクの中心を流れるネヴァ川に面する場所に、皇帝の冬の離宮として建設された。設計はイタリアの宮廷建築家バルトロメオ・ラストレッリが担当。中央に中庭を配した正方形の建物はロシア・バロック様式で、柱、窓、天井、床、屋根に至るまで、豪華な装飾が施された。

ロシアの西欧化政策の流れのなかで大きな影響を与えた冬宮殿だが、一八三七年の火災で消失。しかし、最大の見どころであるファサードはそのままの姿で復元され、一九一七年に勃発した十月革命後、エルミタージュ美術館の本館として使われることになったのである。そして一九九〇年には、「サンクトペテルブルグ歴史地区と関連建造物群」の一部として世界遺産に登録された。

夜の冬宮殿。特徴的な緑色の外壁は1947年に塗られたもので、建設時の薄い黄色をはじめ、さまざまな色で塗り替えられてきた。

16

ロシア

エカテリーナ宮殿と、幾何学模様でデザインされた宮殿前のフランス式庭園（Vladimir Sazonov / Shutterstock.com）。

Catherine Palace

エカテリーナ宮殿

琥珀と黄金で飾られた女帝たちの壮麗な宮殿

サンクトペテルブルク郊外の避暑地、ツァールスコエ・セローに建つロマノフ王朝の離宮。冬宮殿などと共に、1990年に「サンクトペテルブルグ歴史地区と関連建造物群」の一部として世界遺産に登録された。

エカテリーナ宮殿という名称は、農民の娘から初代ロシア皇帝ピョートル大帝の后となり、さらにはロシア初の女帝へと昇り詰めたエカテリーナ一世の名前に由来する。一七一七年にエカテリーナ一世の夏の離宮として建設された後、第四代皇帝アンナにより増築。そしてエカテリーナ一世の娘で第六代皇帝エリザベータにより、一七五二年から四年の歳月をかけて現在の姿に改築された。

この大規模な改装を担ったイタリアの宮廷建築家バルトロメオ・ラストレッリは、サンクトペテルブルクに建つ冬宮殿の建設にもかかわっており、質素だった宮殿を全長三二五メートルに及ぶロシア・バロック様式の華麗な宮殿へと変貌させた。

青、白、金のコントラストが美しい外観をはじめとして、内部も豪華な装飾で彩られており、通称「鏡の間」と呼ばれる大広間など見どころは多い。なかでも、一七七〇年に完成した「琥珀の間」は圧巻。部屋を埋め尽くしていた琥珀は、第二次大戦中にドイツ軍に根こそぎ持ち去られたが、復元作業によって二〇〇三年に元の姿を取り戻した。

【上】舞踏会などが開かれた豪華な大広間「鏡の間」。18世紀にロシアに漂着した日本の船頭、大黒屋光太夫(だいこくや こうだゆう)は、ここでエカテリーナ２世に謁見して帰国を願い出た(Igor Grochev / Shutterstock.com)。【下／左】部屋全体の装飾が琥珀で作られた「琥珀の間」(Sergey Bogomyako / Shutterstock.com)。【下／右】宮殿中央に配された大理石の主階段(Mitzo / Shutterstock.com)。

Recommend

|エカテリーナ宮殿の大庭園|

宮殿の裏に広がる広大なフランス式庭園で、大池を中心に瀟洒(しょうしゃ)な建物や大理石の橋が点在する。エカテリーナ２世が宮殿を眺めたというギャラリー、中国風のあずまや、精巧な彫刻が施された噴水など、美しい景色のなかで散策が楽しめる。

|アレクサンドロフスキー宮殿|

宮殿のすぐ北にある、エカテリーナ２世が1796年に建設した、ロマノフ家の静養用の宮殿。帝政最後の皇帝ニコライ２世の居城としても知られ、典雅な新古典主義の殿堂は、現在は博物館となっている。(volkova natalia / Shutterstock.com)

Column 城塞都市と城塞の歴史

町全体が城壁で囲まれている、世界最大級の城塞都市カルカソンヌ。フランス南西部に位置し、ヨーロッパ最古の城塞だとされている。また城塞都市を意味する「シテ」とも呼ばれ、今なおその威容を保っている。

◆町の要塞化と城塞の始まり

人々が集い住まう町を要塞化し、人々の生命と財産を外敵から守るという行為は、戦時に城を単独で軍事の拠点とする城塞の歴史よりもはるかに古い。

日本では、縄文時代末（紀元前４世紀頃）に堀や柵で集落を囲った環濠集落の形成がすでに見られ、これが日本の城の始まりであるとされている。一方で、戦争の拠点となる城が世界で最初に築かれた時期は、よく分かっていない。ただ、日本では飛鳥時代の白村江（はくそんこう）の戦いで倭国（わこく）・百済（くだら）遺民の連合軍が唐・新羅（しらぎ）の連合軍に敗れたことで、大陸の侵攻を恐れ九州北部や瀬戸内海沿岸に数多くの山城が築かれた。７世紀前半のことだ。

世界においては、農耕による文明が勃興したことで人々は定住生活を送るようになり、耐久性のある恒久的な建物を建て、食料や金属器などの財産をもつようになった。しかし、耕作地を増やすことで近隣との摩擦が起き、また財産を略奪される恐れも出てくる。こうして人々は防衛しようと考えるに至ったのだ。よって、居住地の要塞化が始まったのは１万年近く前までさかのぼる可能性が高い。実際に、中国の長江中流域には、8000年前に起源をもつ環濠集落の遺跡が残っている。

戦時の拠点となる城塞の誕生は、農耕が発達し、戦闘を生業とする階級が出現するまで待つことになる。国家を支配する王や貴族、武士や騎士といった、戦闘集団が生まれて初めて必要になる施設なのだ。

ヨーロッパでは、10世紀頃から本格的な城が造られるようになり、時代の移り変わりや社会情勢により様々な築城形式の城が誕生した。しかし、中世以降の城は戦時の拠点ではなく、政務の中心としての比重が大きくなっていく。防御に徹した城塞は非常に居住性が悪く、また、石造りの城は夏は暑く、冬は寒いと快適さとは無縁だった。大砲の登場により城壁の意味が無くなってきたという理由もあるが、次第に防衛施設と居住空間が分けられるようになり、城は支配者の住居であると同時に、執政の中心としての役割の方が大きくなっていった。もちろん戦闘や防衛を考慮していないわけではないが、ヨーロッパの宮殿の大多数をはじめとして、日本の大坂城や江戸城などの平城もこれに該当する。

◆世界の城塞都市

世界には、町全体が要塞化された例が少なからずある。ヨーロッパの城塞都市で代表的なものが、ルクセンブルク、ニュルンベルク（ドイツ）、ドゥブロヴニク（クロアチア）など。イスラム世界では、アレッポ（シリア）、メディナ（サウジアラビア）、シバーム（イエメン）などが挙げられる。これらの町は例外なく高い城壁で囲まれていた。

なかでもフランスのカルカソンヌは古代ローマ時代までさかのぼる城塞都市で、長さ３kmに達する二重の城壁で守られた、城塞都市の典型のような町。３世紀には外敵の攻撃を頻繁に受けるようになり、城壁の内側に籠城することもあったという。その後も幾度となく侵攻を受け、イスラム勢力などに一時攻略されたこともあったが、無事奪還し難攻不落の城塞都市としてその名をとどろかせていた。しかし、1659年にピレネー条約が締結されたことを契機に軍事的・戦略的地位を喪失し、その後放棄された。

日本では、豊臣秀吉が京都を22.5kmに及ぶ堀と土塁で囲み、城郭化した歴史がある。また、小田原城や大坂城、江戸城の外郭には、天然の河川などに加え、人工の堀や土塁が配されていた。この都市構造を「総構え」と呼ぶ。

【上】今ではリゾートとしてのイメージが強いクロアチアのドゥブロヴニク。
【下】シリアのアレッポ城。旧市街の中心に建つ大規模な城塞（シタデル）。

◆ヴォーバン式築城

セバスティアン・ル・プレストル・ド・ヴォーバンはフランスの軍事技術者で、彼の作品は2008年に「ヴォーバンの要塞群」の名で世界遺産に登録された。築城の名手だったヴォーバンは、「ヴォーバン式築城」と呼ばれる星形要塞の築城体系を確立したことで知られている。彼が手がけた城塞のうち、12もの建築物が世界遺産に登録されており、これは、ひとりの建築家の世界遺産登録数としては最多だ。

城塞側の死角を減らすことができる星形要塞は、イタリアで生まれた後、主にヨーロッパで発達した。この星形要塞を発展・体系化したヴォーバン式築城は、戦時の拠点となる要塞としては最後の形態のひとつとなった。まさに戦争のための城の完成形である。しかし、1903年に誕生し第１次世界大戦において急速に発達したある新兵器により、防衛施設としての「城」は役目を終えていくことになる。

その新兵器とは航空機で、地上からの攻撃には無敵だった高い塀と深い堀は、航空機の攻撃には無力だった。

現在では軍事と政治の両面において無用のものとなった城だが、貴重な観光資源として地域の財産となっている。

【上】ルイ14世がヴォーバンに命じて造らせた、ロンウィ新市街の星形要塞。【下】ヴォーバンが造ったフランスのヌフ=ブリザックの城塞。

八角形で構成されたデル・モンテ城（イタリア）。

IV

South Europe

南ヨーロッパ

さまざまな地域や文化の影響を受け
独自の様式を生み出した南ヨーロッパの
ユニークな城を見てみよう。

色とりどりの外壁に彩られたペナ宮殿。建築様式が混在し装飾にも統一性は見られないが、不思議と建物全体の調和はとれている。

Pena National Palace

ペナ宮殿

パステルカラーで彩られた
19世紀ロマン主義建築の代表作

ポルトガルの首都リスボン近郊の町、シントラを見下ろす岩山の頂にそびえるパステルカラーの宮殿。19世紀ロマン主義を代表する建物で、1995年に「シントラの文化的景観」の一部として世界遺産に登録された。

イギリスの詩人バイロンが「エデンの園」と称した美しい町、シントラ。この町を見下ろすように、標高五〇〇メートル余の岩山にそびえるのが、ペナ宮殿だ。ゴシック、イスラム、ルネサンスのほか、十五世紀にポルトガルで生まれた大航海時代の繁栄を思わせる過剰なまでの装飾が特徴のマヌエル様式など、さまざまな建築様式が取り入れられた宮殿は、十九世紀ロマン主義を代表する建築物として知られる。

宮殿が築かれたのは、一八三六年のこと。ポルトガル女王マリア二世の婿養子としてドイツから来たフェルナンド二世が、岩山の上で廃墟と化していた修道院を買い取り、夏の離宮として再建したことに始まる。その後、増改築が繰り返された結果、壮麗な宮殿へと変貌を遂げた。

フェルナンド二世はロマン主義的嗜好をもっていて、目にも鮮やかなパステル調の外壁や、多種多様な樹木が植えられたイギリス式庭園には、そんな王のこだわりが表れている。贅を尽くした宮殿内は、緻密な絵が描かれたタイルで彩られ、独特の雰囲気を醸し出している。

【上】宮殿最大の見どころ「紋章の間」。天井は諸侯の紋章が描かれ、壁は伝統的なタイル「アズレージョ」で狩猟の風景が描かれている(Ungvari Attila / Shutterstock.com)。【下／左】壁紙から天井の細かい部分まで施された緻密な装飾も見どころ(Ungvari Attila / Shutterstock.com)。【下／右上】ダイニングルーム(Ungvari Attila / Shutterstock.com)。【下／右下】庭園。池にはカモの小屋も。

Recommend

|「海神トリトン」の彫刻|

ユニークな装飾の宝庫であるペナ宮殿で最も有名なのが、窓枠に施されたギリシャ神話「海神トリトン」の彫刻。マヌエル様式で造られたリアルな表情や動きは、今にも動き出しそうな存在感を放っている。(Jonas Muscat / Shutterstock.com)

|世界遺産の街、シントラ|

街そのものが世界遺産であるシントラ。8～9世紀にムーア人が築いた「ムーアの城跡」、12世紀に築かれた王族の別邸「レガレイラ宮殿(写真)」、14世紀に築かれた王家の夏の離宮「シントラ宮殿」など、さまざまな年代の建物が美しい町並みを形成している。

青い屋根の塔がロマンチックなセゴビアのアルカサル。実際には、塔の先端は狭さと寒さゆえに牢屋として使われたこともあるという。

Alcázar of Segovia
セゴビアのアルカサル

スペインの歴史が詰まった古都に建つ可憐なお城

スペイン北部の都市、セゴビア旧市街の外れに建つ城塞。1985年に「セゴビア旧市街とローマ水道橋」の一部として世界遺産に登録された。

Recommend

|セゴビアのカテドラル|

「大聖堂の貴婦人」と称される、セゴビアのカテドラル（大聖堂）。町の中心となるマヨール広場の横にそびえ立つ姿は、まさに貴婦人のような美しさだ。現在の建物は、1520年の内乱で破壊された後に再建されたもので、1768年に完成した。

豊かな穀倉地帯に囲まれ、小高い丘の上に築かれたセゴビア。その旧市街北端、エレスマ川とクラモレス川に挟まれた高さ約一〇〇メートルの断崖上に築かれたアルカサルは、レコンキスタ（国土回復運動）時代に建造された歴代カスティーリャ王の居城であり、重要な軍事拠点としての役割も担っていた。

城の起源は、古代ローマ時代に築かれた岩山の上の要塞、アルカサル（城）。イベリア半島をイスラム王朝であるウマイア朝が支配していた時期に基礎が築かれ、その後「賢王」と名高いカスティーリャ王アルフォンソ十世により、一二五八年にゴシック様式の王宮として改築された。

一八六二年には火事で大きな被害を受けたが、一八八二年に修復。以前は軍事拠点のイメージが強かったが、一八九八年に軍事資料館として公開され、一九五一年にアルカサル財団が設立されると、その歴史的価値が見直された。また、その可憐な姿はディズニー映画『白雪姫』に出てくる城のモデルになったことでも知られ、塔の上の展望台からはセゴビアの美しい街並みを一望できる。

Alcázar of Seville
セビリアのアルカサル

イスラム教とキリスト教の建築様式が融合した ムデハル様式の豪華な宮殿

スペイン南部の街セビリアに建つスペイン王室の宮殿。1987年「セビージャの大聖堂、アルカサルとインディアス古文書館」として世界遺産に登録された。

Recommend

|セビリア大聖堂|

スペイン有数の規模を誇る巨大な大聖堂で、アルカサルと共に世界遺産に登録されている。レコンキスタ後にイスラム教のモスクを破壊して建てられ、今も建物内にその名残がある。内部に探検家クリストファー・コロンブスの墓があることでも有名。

スペイン南部の政治・経済・文化の中心地であるセビリア。八世紀にイスラム勢力の支配下に入り、十一世紀にはイベリア半島におけるイスラム勢力の中心地となったことから、街にはイスラム教とキリスト教の建築様式が混在する独特の街並みが形成されることとなった。

なかでも代表的な建物が、セビリアのアルカサルだ。着工はレコンキスタ(国土回復運動)後の十四世紀、もともとこの地に九~十一世紀に建設されたカリフ(イスラム国家の指導者)の王宮跡地に、カスティーリャ王ペドロ一世の命により、ムデハル様式で建設が始められた。ムデハル様式とはスペインで生まれた建築様式で、レコンキスタ後の残留イスラム教とキリスト教の建築様式が融合したスタイル。アルハンブラ宮殿を意識して造られ、内部はグラナダの職人による精緻な漆喰細工やアラベスク模様で装飾されている。

完成後も歴代王によって増改築が繰り返されたため、ゴシックやルネサンスなど異なる様式が混在しているが、特にムデハル様式を代表する建物として知られている。

ペドロ1世宮殿中心にある「乙女の中庭」。1540年、ルネサンス様式で2階部分が増築された(Cristian Mircea Balate / Shutterstock.com)。

Alhambra
アルハンブラ宮殿

「アンダルシアの宝石」とうたわれる
イスラム建築の最高峰

南スペインの町グラナダを象徴するアルハンブラ宮殿は、イベリア半島最後のイスラム勢力となったナスル朝の王宮である。イスラム建築の最高傑作と称されており、1984年に世界遺産に登録された。

【上】アラビア語で「赤い城」を意味するアルハンブラ宮殿。【左ページ】王妃と家族が暮らした「二姉妹の間」。名前は床にある２枚の巨大な大理石の敷石に由来する。繊細なイスラム特有の鍾乳石飾りが埋め尽くす八角形の天井は必見（Takashi Images / Shutterstock.com）。

ヨーロッパ南西部に突き出し、アフリカ大陸を対岸に望むイベリア半島。およそ八〇〇年間にわたりイスラム勢力が栄華を極めた地だが、スペイン南部の町グラナダは、その最後の王朝となったナスル朝グラナダ王国の首都として栄えた古都である。

そして、グラナダの南東の丘の上にそびえるのが、ナスル朝の時代に建てられた巨大な宮殿、アルハンブラだ。宮殿の建設は、アルアマール王の指揮の下、十三世紀に始められた。その後も歴代の王たちによって増築されていき、やがて一万四〇〇〇平方メートルもの面積を誇る広大な城塞となった。

当時の強大な国力を具現したこの宮殿は、城塞としての機能に加え、れんが造りのシンプルな外観の一方で、内部にはイスラム芸術の粋を結集した豪華な建物やパティオ(中庭)が造られており、その美しさから「アンダルシアの宝石」と称された。しかし一四九二年、キリスト教勢力によるレコンキスタ(国土回復運動)によって覇権を奪われ、イベリア半島のイスラム最後の拠点は終焉を迎えた。

建物は、ナスル朝宮殿、カルロス五世宮殿、アルカサバ(城塞)、ヘネラリフェ(離宮)の四つで構成されており、特にナスル朝宮殿には贅を尽くしたゴージャスな空間が広がる。イスラム芸術の極致と称される「ライオンの中庭」や、鍾乳石の緻密な装飾が美しい「二姉妹の間」など、見どころは数多い。現在、カルロス五世宮殿は美術館として利用されており、夏には中庭で音楽祭が催される。

【右ページ】
【上】夏の離宮ヘネラリフェの中央にある「アセキアの中庭」。噴水を配した庭園の周囲を全長50mの回廊が囲む(Jose Ignacio Soto / Shutterstock.com)。【下】ナスル朝宮殿内の「ライオンの中庭」。中央には12頭のライオン像に囲まれた噴水があり、この庭を囲むライオン宮の２階は王以外の男性が立ち入れないハレム(後宮)だった(Cezary Wojtkowski / Shutterstock.com)。

【左ページ】
【左】アルカサバ内の「アルマスの広場」。かつては兵隊たちの住居があり、小さな町のようだった(Fabio Michele Capelli / Shutterstock.com)。【中】王の公邸だったコマレス宮にある「アラヤネスの中庭」。背後には「コマレスの塔」がそびえている。アラヤネスとは、池の両側に植えられた天人花(テンニンカ)を意味する。【右】カルロス５世宮殿の、回廊に囲まれた円形の中庭。

Recommend

| アルバイシン地区 |

グラナダ最古の歴史をもつアルバイシン地区。細い通りと急こう配の坂道が交差する街並みはまるで迷路のようで、白壁造りの建物がイスラムの文化を今に伝える。一帯は宮殿と共に世界遺産に登録されており、景観を壊すような開発は禁じられている。

| グラナダのメルカード(市場) |

グラナダの町中にあるメルカードは、日用品から雑貨まで何でもそろう、市民にとってなくてはならない存在。狭い路地に所狭しと商品が並ぶ様子は異国情緒にあふれ、民芸品も手頃な価格で購入できる。(Matyas Rehak / Shutterstock.com)

Fénis Castle
フェニス城

中世の姿を今にとどめる
アルプスの平地にたたずむ貴族の城館

イタリア北西部、アルプス山中に位置するヴァッレ・ダオスタ州の小さな村、フェニスに建つ中世の城。13世紀に貴族シャラン家の邸宅として建設された。

Recommend

|サヴォイア城|

かつてイタリア・フランス・スイスの一部を支配したサヴォイア家。フェニス城の東65kmにある避暑地グレッソネイ渓谷に建つサヴォイア城は、サヴォイア家のマルゲリータ女王の離宮として1904年に建設された。5つの小塔をもつ可憐な姿は一見の価値あり。

アルプス山中に位置し、フランスやスイスと国境を接するヴァッレ・ダオスタ州。アルプス越えの要衝として古代ローマ時代から街道が整備され、十一～十二世紀頃に建設された古城が点在している。こうした古城群のなかで最も当時の姿を保っているのが、フェニス城だ。

城は一二四二年に初めて文献に現れ、一三二〇～一四二〇年にかけて、当時この地を支配していた貴族シャラン家により拡張された。地理的に山城が多いエリアにあって、珍しく平地に建てられていることから、外敵からの防衛を目的にした堅牢な造りとなっており、五角形の建物には二重の城壁や監視塔が設けられた。

十八世紀、財政難に陥ったシャラン家の手を離れた城は城主を代えながら、荒廃していく。しかし十九世紀末と二十世紀中頃に大々的な修復が行なわれ、かつての姿を取り戻した。現在は博物館として公開されており、ガイド付きツアーでのみ見学することができる。十五世紀の美しいフレスコ画や、暖炉の煙を利用した寒い地方ならではの工夫を凝らした造りなど、見ごたえがある。

壮大なアルプスの山々を背景に、堂々とそびえ建つ石造りのフェニス城。ハイキングを楽しみながら古城めぐりをする人も多い。

06

イタリア

Royal Palace of Caserta

カゼルタ宮殿

ヴェルサイユ宮殿を模した
イタリアを代表するバロック建築

ヴェルサイユ宮殿をモデルとして、18世紀後半にブルボン家のナポリ王によって建てられた宮殿。1997年に世界遺産に登録された。

Recommend

|カゼルタ宮殿の庭園|

宮殿の後方に広がるバロック様式の庭園。丘陵地形になっており、頂上には高さ80mに及ぶ人工の滝を備える。また、狩猟好きだった王の好みが色濃くうかがえる、噴水や滝を彩る彫刻群も見ごたえ満点だ。（Takashi Images / Shutterstock.com）

イタリア南部の都市カゼルタに建つカゼルタ宮殿は、一七五二年にナポリ・シチリア王カルロス七世（後のスペイン王カルロス三世）の指揮の下、建築家ルイジ・ヴァンヴィテッリによって着工された。ヴェルサイユ宮殿に範をとっており、十八世紀にヨーロッパで建てられたなかでは最大規模を誇る巨大な宮殿だ。

一七八〇年、一二〇〇にも及ぶ部屋と二四の国の庁舎のほか、国立図書館、大学、国立劇場をも備える壮大な宮殿として完成。内部には劇場風の装飾が施され、細密な壁画やレリーフが目を引く。特に、中央の大階段や王の居間の輝きは見事の一言。

豪華絢爛たる宮殿の背後には、ヴェルサイユ宮殿に勝るとも劣らないとたたえられる最大の見どころ、面積一二〇ヘクタールの広大な庭園が広がる。全長三キロの長大な水路「カナローネ」を中心に、数多くの人工滝や噴水、彫刻などが配されていて、最後は高さ八〇メートルの滝でクライマックスを迎える。庭園に使用する水は、四〇キロ離れた水源から引かれており、王の並々ならぬこだわりがうかがえる。

映画「スター・ウォーズ」（エピソード1、2）で、アミダラ女王の宮殿として使われた大階段（Cezary Wojtkowski / Shutterstock.com）。

デル・モンテ城正面。入り口は東寄りの八角形の壁にあり、春分と秋分の日のみ扉に朝日が差し込む設計になっている。

Castel del Monte
デル・モンテ城

八角形尽くしで築かれた
ミステリアスな「丘の上の王冠」

イタリア南部の田園地帯、アンドリア郊外に建つ白亜の城。13世紀中頃に神聖ローマ帝国皇帝フリードリヒ２世により築かれた。八角形の平面で構成される独特の形状をしており、1996年に世界遺産に登録された。

標高約五四〇メートルの丘の頂に孤高の趣でたたずむ姿が、田園風景のなかで圧倒的な存在感を放っているデル・モンテ城。この城がほかと一線を画すのは、建物全体が数字の「八」に関係しており、八角形の中庭を八つの八角形の塔が取り囲むという、独特の構造をもつことだ。

これらの塔は、天文学を基にした綿密な計算によって設計されていて、数字の「八」もこうした天文学や風位に関係しているという。ただし、要塞や居城としての機能には乏しく、建てた目的は来客用とも別荘ともいわれるが、真相は謎のままだ。

この不思議な城を建てたのは、神聖ローマ皇帝フリードリヒ二世。彼は南イタリア各地に二〇〇以上もの城を建てた人物で、デル・モンテ城は、その最後の城として十三世紀中頃に建設された。内部はゴシック様式とイスラム様式が混在しており、異文化に寛容だったという皇帝の趣向が凝らされている。

皇帝の死後は内部の装飾品が略奪され、城は荒廃の一途をたどったが、十九世紀末に国有化されて修復が進められ、美しい外観を取り戻した。

【上】上空から見た城。【下／左】中央にある八角形の中庭。上を見上げると空までが八角形に切り取られている。影の長さは日時計の役割を果たしており、夏至の夜に中庭に立つと頭上にはベガ（琴座の首星、織女星）が輝く（pio3 / Shutterstock.com）。【下／右】城内にある八つの部屋のひとつ。各部屋には「８」にまつわるデザインがそれぞれ施されている（Cesareo75 / Shutterstock.com）。

Recommend

| おとぎ話の町、アルベロベッロ |

デル・モンテ城の東、車で約１時間半に位置する町。とんがり屋根の家「トゥルッリ」が立ち並ぶおとぎ話のような街並みは、16～17世紀に領主の厳しい課税対策として農民たちが工夫を凝らして造り上げたもので、1996年に世界遺産に登録された。

| マテーラの洞窟住居 |

城の南、車で約１時間強の場所にあるマテーラは、世界遺産でもある洞窟住居群（1993年登録）で有名。「サッシ」と呼ばれるこれらの洞窟住居は、８～13世紀にイスラム勢力から逃れてきた修道僧が築いたもの。現在は一部がホテルになっている。

Topkapı Palace
トプカプ宮殿

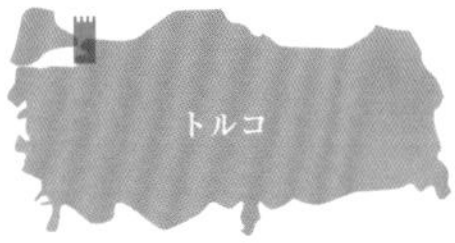

**栄華を極めたオスマン帝国の
エキゾチックな宮殿**

トルコ北西部の町イスタンブールに、オスマン皇帝メフメト２世の命で15世紀に建造。1985年、「イスタンブール歴史地域」として世界遺産に登録された。

Recommend

| 遊覧船からの眺め |

トルコをヨーロッパ側とアジア側に分けるボスポラス海峡。クルーズ船からは、トプカプ宮殿（写真上）やアヤ・ソフィア、ブルー・モスクをはじめとする歴史的建造物や、両岸に広がるまったく異なる景観を一望でき、東西文化の融合を実感できる。

アジアとヨーロッパの二大陸にまたがるイスタンブールは、貿易の中継地として紀元前より栄えてきた古都。歴史的な景観が広がる旧市街の先端の半島に、かつてスルタン（王）が居住していたトプカプ宮殿が建つ。ボスポラス海峡（イスタンブール海峡）、マルマラ海、金角湾を三方に望む丘の上に築かれた宮殿は、オスマン帝国皇帝メフメト二世の命により、一四六〇年代に着工、一四七八年頃に完成した。

以降、歴代スルタンが住まいし、四世紀にわたり帝国の中枢として機能した。当時は「イェニ・サライ（新宮殿の意）」などと呼ばれていたが、十九世紀に宮殿から皇帝が去ると、岬の先端にある「大砲の門（トプカプ）」にちなみこう呼ばれるようになった。

無数の建物と部屋が連なるように構成された宮殿は、博物館として公開されている。財宝が展示される宝物館、イズニック・タイルが彩る壁面やきらびやかな装飾が美しいハレム（後宮）、金角湾の美しい景色を望むバーダッド・キョシュキュ（離れ）など、帝国の繁栄を物語る貴重な史跡の数々は見飽きることがない。

500～1000人の女性が生活したハレム（後宮）。青を基調とした鮮やかなイズニック・タイルが美しい（MehmetO / Shutterstock.com）。

Dolmabahçe Palace
ドルマバフチェ宮殿

**東西の芸術が見事に融合した
オスマン・バロック様式の宮殿**

イスタンブールの新市街、ボスポラス海峡に面した埋立地に、19世紀中頃に建造されたオスマン帝国の宮殿。東西の建築様式が見事に融合している。

Recommend

|「クリスタルの階段」|

玄関ホール先にある「クリスタルの階段」。真紅のじゅうたんが敷かれ、巨大で豪華なシャンデリアが宝石のように輝く。この階段は、何と手すりの支柱部分にもクリスタルが使われており、帝国の繁栄がしのばれる。(muratart / Shutterstock.com)

イスタンブール新市街の郊外ベシクタシュ地区、ボスポラス海峡に面して建つドルマバフチェ宮殿。トルコ語で「埋め立てられた庭」を意味する名前のとおり、もともとは、オスマン帝国皇帝メフメト二世が海を埋め立てて造営した庭園があった。帝国末期、アブデュルメジト一世の命により、この埋立地にあった木造の宮殿を取り壊し、旧来のトプカプ宮殿に代わる宮殿として一八五六年に完成したのが、この宮殿だ。

伝統的なオスマン様式のトプカプ宮殿とは異なり、ヨーロッパのバロック様式とオスマン様式を融合させているのが最大の特徴。外観や装飾はヨーロッパ風だが、内部はオスマン風に、男性の空間(セラムルク)と女性の空間(ハレム)に分けられている。広大な敷地に二八五の部屋と四四の広間などがあり、どれも豪華な装飾で埋め尽くされている。海側には門と桟橋があり、王族は公道に出ることなく、船で市内まで自由に行き来できたという。

一九二三年の共和制移行後は政府庁舎として用いられていたが、現在は博物館として一般公開されている。

中央にイギリスのヴィクトリア女王から贈られた重さ4.5tの巨大シャンデリアが輝く「帝位の間」(Diana Grytsku / Shutterstock.com)。

V

Asia

アジア

ヨーロッパとは趣の異なるアジアの城。
各地域の歴史や文化が表れた
個性と彩りにあふれた
アジアの城を紹介しよう。

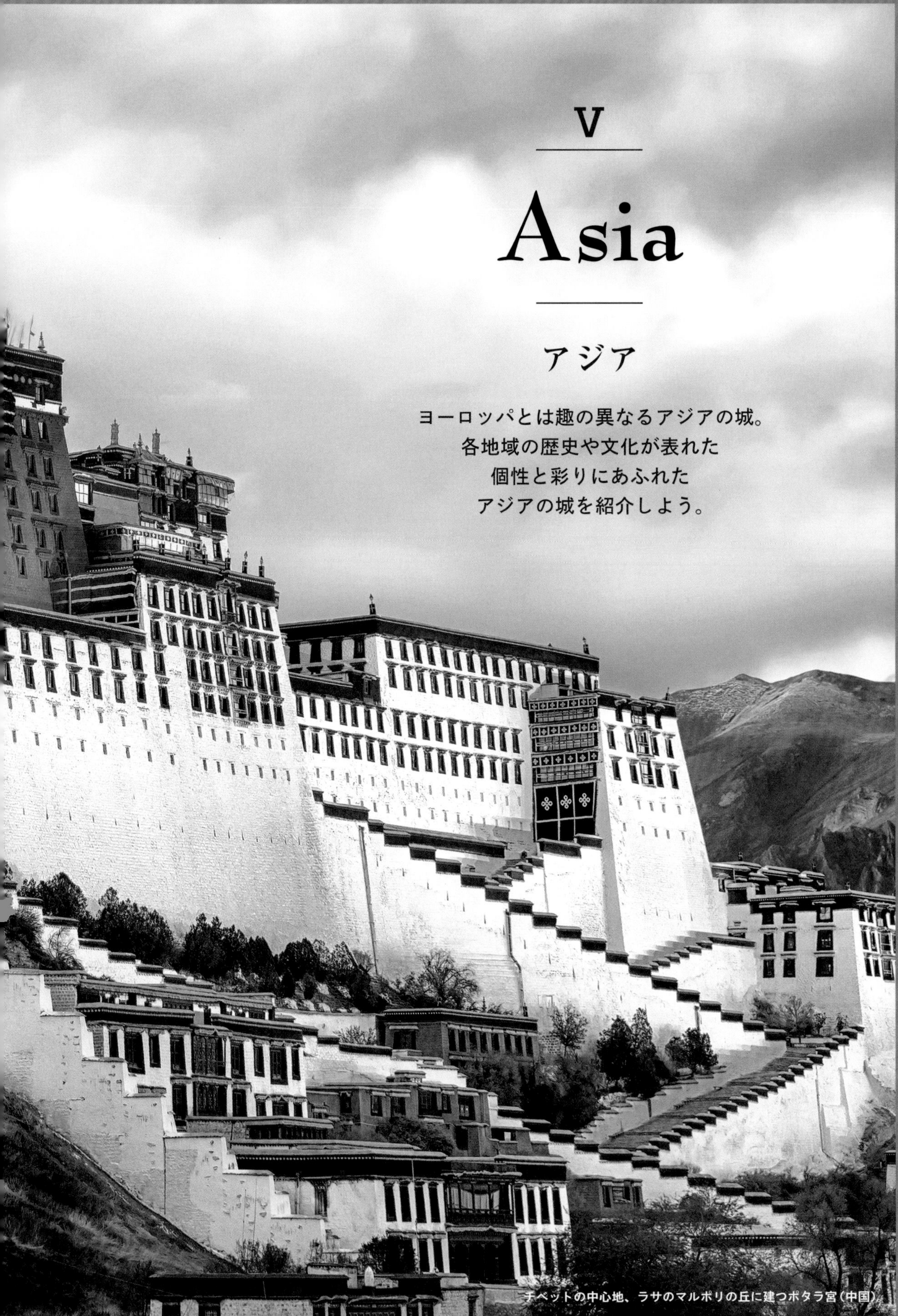

チベットの中心地、ラサのマルポリの丘に建つポタラ宮（中国）。

Takeda Castle
竹田城

「日本のマチュ・ピチュ」と呼ばれる
中世末期を代表する山城

兵庫県北部に位置する古城山の頂に建つ城。室町時代の武将、山名宗全が13年の年月をかけて築いたとされ、国の指定史跡に認定されている。

Recommend

| 雲海に浮かぶ武田城 |

竹田城を有名にしたのは、雲海に浮かぶ姿。秋から冬(特に9～11月)にかけてはよく晴れた早朝に川霧が発生することがあり、この現象によって「天空の城」が出現するのだ。立雲峡や藤和峠は、雲海に浮かぶ城を望める絶景ポイントとなっている。

縄張(曲輪《くるわ》や堀、門、虎口《こぐち》などの配置)がまるで伏せた虎のように見えることから、別名「虎臥城《とらふすじょう》」とも呼ばれる竹田城。南に立雲峡《りつうんきょう》を望む標高三五四メートルの古城《こじょう》山(虎臥山)の頂に築かれており、その広さは南北約四〇〇メートル、東西約一〇〇メートルに及ぶ。

廃城となってからすでに約四〇〇年を経ているが、石垣はほぼ当時の状態で残っている。これは全国でも珍しい完存する遺構で、現存する山城としては日本屈指の規模を誇る。

嘉吉《かきつ》三年(一四四三)に但馬《たじま》の守護大名、山名宗全《やまなそうぜん》が基礎を築いたとされ、その後は大田垣氏が七代にわたり城主となったが、最後の城主、赤松広秀が豪壮な石積みの城郭を整備し、現在の形になった。織田信長による豊臣秀吉の但馬攻めで、天正《てんしょう》八年(一五八〇)に落城。関ヶ原の戦いで西軍が敗れたことで徳川家康の手に渡り、幕府の方針で廃城となった。

その後は廃墟となっていたが一九四三年に国の指定史跡になって、石垣が復元された。雲海に包まれた姿は、「天空の城」や「日本のマチュ・ピチュ」と呼ばれ人気を集めている。

朝来(あさご)山中腹の立雲峡から雲間に浮かぶ竹田城を眺める。天守はないが、穴太(あのう)積みの石垣が往時の威風を今に伝える。

02

中国

Potala Palace

ポタラ宮

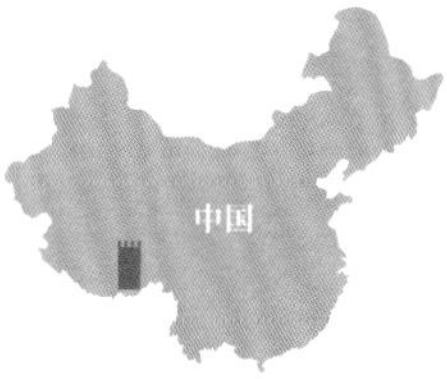

世界最大級の規模を誇る
ダライ・ラマの宮殿

17世紀、チベット自治区の都ラサにダライ・ラマ５世により建てられた宮殿。チベット仏教の聖地でもあり、1994年に世界遺産に登録された。

Recommend

|「小ポタラ宮」ソンツェンリン・ゴンパ|

ラサの東約1600kmにあるソンツェンリン・ゴンパは、雲南省最大級のチベット仏教寺院。外観がポタラ宮に似ていて「小ポタラ宮」とも呼ばれる。入り口は極彩色の絵や装飾で埋め尽くされ、ろうそくの明かりに浮かび上がる仏像や仏具は、何とも神秘的。

中国南西部にあるチベット自治区の都、ラサ。ここに建つポタラ宮は、敷地約四一万平方メートル、十三階建て、高さ一一七メートルにも及ぶ、単体としては世界最大級の建築物だ。「ポタラ」とは観音浄土を意味し、チベット仏教の総本山として全国から巡礼者が訪れる聖地でもある。

七世紀、吐蕃《とばん》王ソンツェン・ガンポによって築かれ、吐蕃王朝の政治的中心を担っていたが、九世紀の王朝滅亡とともに焼失。その後、チベットを統一したダライ・ラマ五世によって再建されて以降、歴代のダライ・ラマが拡張を続けた結果、現在のような規模になった。

チベット建築で建てられた宮殿は、白と赤に塗り分けられた外壁のコントラストが美しく、政治を行なう「白宮」と宗教儀礼を行なう「紅宮」に分かれ、一九五九年まで、白宮はダライ・ラマの住居も兼ねていた。

内部も豪華絢爛で、約二〇〇〇もの部屋には、膨大な数の仏像や仏典が収められ、また、貴重な文化財も数多く収蔵されている。現在は一部が公開されており、ダライ・ラマの玉座や霊塔などを見ることができる。

ポタラ宮の裏側にある宗角禄康公園（文化宮公園）からは、池に映り込む宮殿の美しい姿を望むことができる。

1695〜97年に再建された、現存する中国最大の木造建築「太和殿」。皇帝の即位式など、宮廷の重要な儀式が執り行なわれた。

Forbidden City

紫禁城

24人の皇帝に受け継がれた世界最大級の宮殿建築群

中国の首都、北京の中心に建つ明、清代の王宮。広さは約72万㎡に達し、1987年に「北京と瀋陽の明・清朝の皇宮群」の一部として世界遺産に登録された。

Recommend

| 景山公園からの眺め |

あまりにも広大な紫禁城を見て回るのは大変。あまり時間がとれないときは、紫禁城のすぐ北側にある「景山公園」がお薦めだ。北京一のビュースポットとして名高いこの場所は、小高い山の上まで登ると北京市内と紫禁城を一望することができる。

北京旧市街の中央に建つ紫禁城。かつて明《みん》、清《しん》代の王宮だったこの建物は、現在は「故宮《こきゅう》(昔の皇宮の意)」と呼ばれ、約一八〇万点の所蔵品を擁する博物館となっている。敷地面積は約七二万平方メートルに及び、九〇〇〇近くの部屋が存在する。建ち並ぶ宮殿群の色彩や装飾品などは、封建王朝の儀式や序列を表しているといい、世界最大の中世宮殿群がここまで完璧に保存されている例は非常に珍しく、中国建築の歴史をうかがい知る貴重な史跡となっている。

起源は一四〇六年。もともとは元《げん》が造ったものを、明の第三代皇帝・永楽帝《えいらくてい》が一五年の歳月をかけて改築した。以降、政治の中心としてはもちろん、皇帝の即位や婚姻の儀式、宗教的祭祀《さいし》など、あらゆる行事が執り行なわれる場所として、歴代二四人もの皇帝に受け継がれた。

一六四四年、李自成《りじせい》の乱(明を滅ぼした農民反乱)の際に明代の建物は焼失してしまうが、その後、清朝により当時の規模をほぼそのまま踏襲して再建。清のラストエンペラー愛新覚羅溥儀《あいしんかくらふぎ》が退位する一九一二年まで、封建統治の中枢を担った。

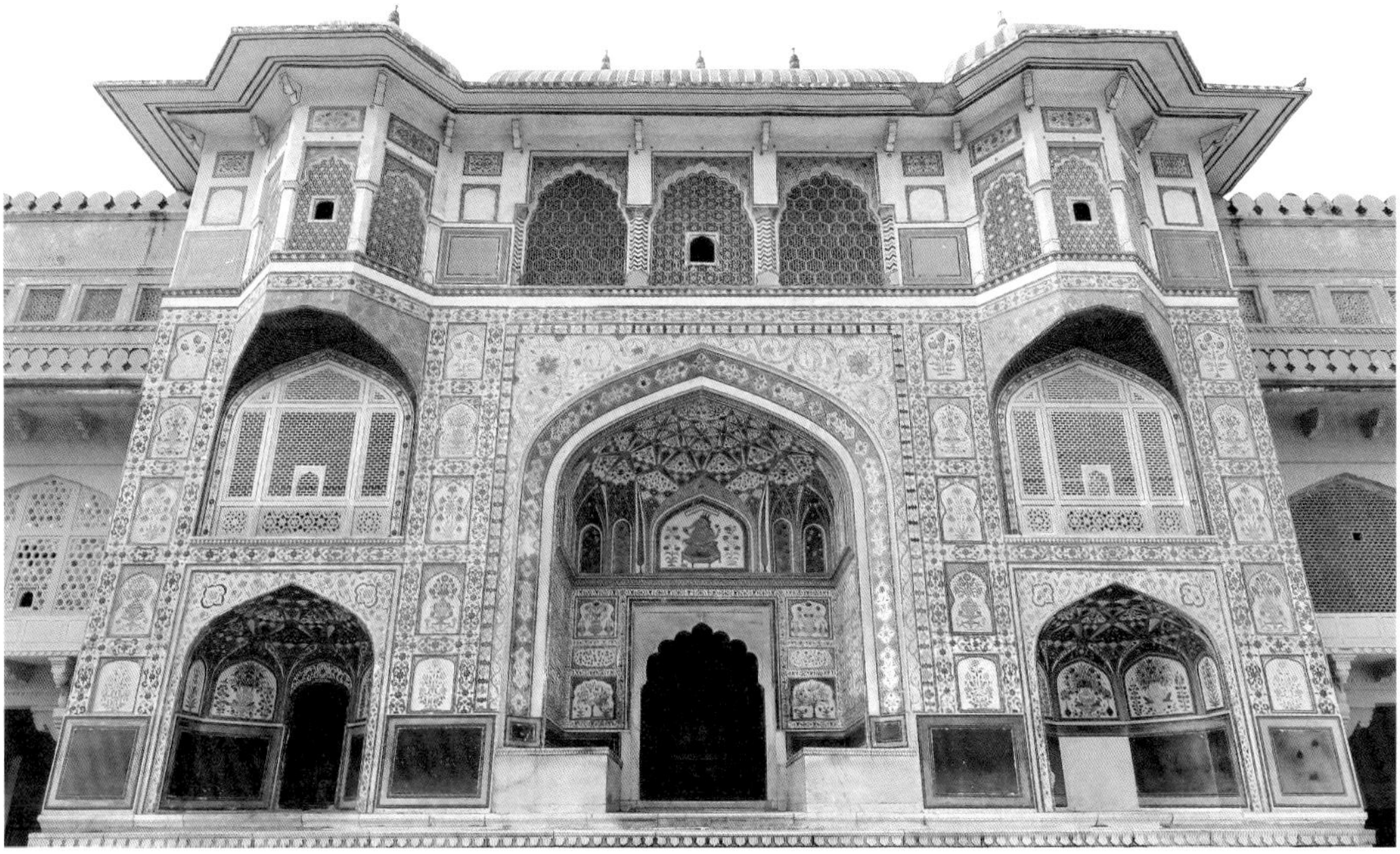

Amber Fort
アンベール城

幾何学模様に彩られた 砂漠を見下ろす壮大な城塞

インド北西部の町ジャイプル郊外に、1592年から約150年かけて築城。2013年、「ラージャスターンの丘陵要塞群」の一部として世界遺産に登録された。

Recommend

|アンベール城名物、ゾウタクシー|

アンベール城の名物といえばゾウのタクシー。ふもとから城までは徒歩でも行けるが、急こう配の坂道ということもあって、このタクシーを利用する人が多い。訪れた際は、かつてゾウに乗って登城していたというマハラジャの気分を味わってみては。

ラジャスタン州の州都ジャイプルの郊外、広大な砂漠のなかにある小高い丘の上に築かれたアンベール城。ラジャスタンは古くから交通の要衝として栄えた土地で、八世紀からこの地で独自の文化を築いていたラージプート族は、丘陵地帯に城塞を築いて異民族の侵入に備えていた。

そのひとつであるアンベール城は、一五九二年、ムガル帝国アクバル軍の司令官だったラージプート族のラージャ・マン・シンが、もともとあった砦《とりで》を改築したものだ。以降、城は約一五〇年の歳月をかけて増改築が繰り返され、都市機能も備える壮大な城塞へと姿を変えた。そして一七二七年にジャイプルへ遷都されるまで、アンベール王国（後のジャイプル藩王国）の都として繁栄した。

堅固な城壁に囲まれた、見るからに城塞らしい外観をもつ一方で、城内には建物の至る所に、イスラム様式の影響が色濃いラジャスタン特有の優美で独特な模様が描かれている。繊細なモザイクが施され世界一美しい門と称される「ガネーシャ門」や、壁面に鏡がちりばめられた「勝利の間」は息をのむ美しさだ。

ヒンドゥー教の神ガネーシャが描かれた「ガネーシャ門」。イスラムの影響を受けた細かな装飾が見事(Roop Dey / Shutterstock.com)。

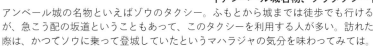

Chittor Fort
チットールガル城

勇猛なラージプート族が建てた悲劇の城塞

インド北西部、ラジャスタン州の町チットールガルの丘の上に建つ城。2013年に「ラージャスターンの丘陵要塞群」の一部として世界遺産に登録された。

Recommend

|ジャル・マハル|

16世紀の旱魃の後に建設されたジャル・マハルは、ジャイプルの水がめとして利用されている人工の湖に浮かぶ宮殿。マハラジャの夏の別荘として建てられた5階建ての宮殿だが、湖の水がいっぱいになると、最上階を残して水没してしまうという。

さまざまな王朝が築いた城が多く残るラジャスタン州のなかでも、その悲劇的な歴史で知られるチットールガル城。チットールガルの町を見下ろす丘を丸ごと城壁で囲って築かれた巨大な城塞は、町が九世紀にラージプート諸王朝のひとつ、メーワール王国の首都に定められた頃に建設された。城壁の内部には、宮殿や王妃の離宮、ヒンドゥー教寺院などが建てられ、繁栄を極めたという。

その後、長く繰り返されたイスラム勢力との攻防戦の舞台となるも、難攻不落の城塞として威容を誇ったチットールガル城だったが、一五六八年、当時のメーワール国王ウダイ・シン二世がイスラム王朝であるムガル帝国皇帝アクバルへの服従を拒んだことにより、城は包囲攻撃を受け、攻防の末に落城してしまう。そして、この時に亡くなった兵士たちの後を追うようにして、多くの女性や子どもたちが名誉の死を決意して自ら命を絶ったのだ。

落城と共に廃城となってしまったが、静かに水をたたえた巨大な貯水池や九階建ての「勝利の塔」などが、当時の栄華を今に伝えている。

町のように巨大なチットールガル城。手前の貯水池「ゴームク・クンド」は、かつて宗教儀式や飲み水としても利用されたという。

Hawa Mahal

ハワー・マハル

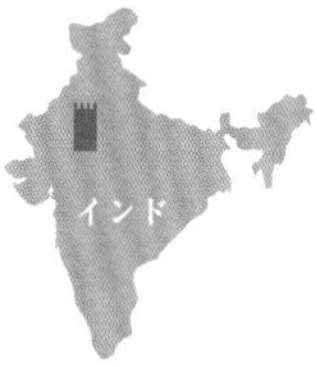

**王族の貴婦人がひそかに町を眺めた
ピンク色の不思議な宮殿**

インド北西部、ラジャスタン州の州都ジャイプルに建つピンク色の宮殿。「風の宮殿」ともいい、18世紀末に町の領主によって建てられた。

Recommend

| 貴婦人気分を味わう |

ハワー・マハルの外壁の裏側には通路と階段が設けられて上れるようになっており、無数の窓からは淡いピンク色のジャイプルの街並みを見渡すことができる。かつて王族の貴婦人たちが眺めたであろう絶景を、同じ場所から堪能してみては。

長さ約一〇キロの赤い城壁に囲まれた城塞都市ジャイプルは、ピンク色の建物が建ち並ぶ街並みから、別名「ピンク・シティー」とも呼ばれる。旧市街の中心に建つハワー・マハルは、その町を象徴するようなピンク色の宮殿だ。建造は一七九九年、ジャイプルのマハラジャ（藩王）、サワーイー・プラタープ・シンによる。

赤砂岩を外壁に用いた高さ一五メートルの五階建ての建物で、圧巻は、正面の外壁にまるでハチの巣のように開いた九五三もの窓。これは、夫以外の男性には自分の顔を見せないというイスラムの風習から、王族の貴婦人たちが顔をさらすことなく、ひそかに町の様子を見て楽しめるように設計されたものだ。また、この透かし彫りの小窓を通して風（ハワー）が吹き抜け、暑いときでも快適な状態が保たれる。このことが「風の宮殿」を意味する名前の由来となったという。

内部には広々とした中庭があり、四方を建物が取り囲む構造になっている。このため建物自体の奥行きはほとんどなく、屏風のようにそびえ立つ、何とも不思議な造りの宮殿だ。

まさに巨大な屏風のようなハワー・マハルの正面。鮮やかなピンク色の外壁が青空によく映える。

Mysore Palace
マイソール宮殿

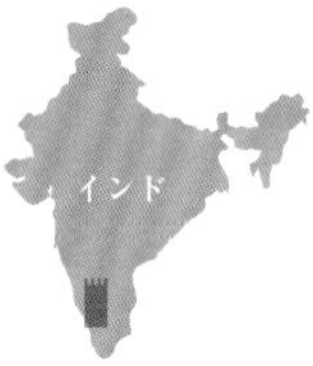

インドとイギリスの建築様式が融合した
マハラジャの巨大宮殿

インドの南部の町マイソールに建つ国内最大級の宮殿。14世紀頃にこの地を治めていたワディヤール一族の住居として築かれ、1912年に再建された。

Recommend

| マイソール宮殿のライトアップ |

マイソール宮殿最大の見どころといっても過言ではないライトアップ。毎週日曜・祝日の夜、19時から時間限定で行なわれており、宮殿前でインド古典音楽の演奏もされて雰囲気満点。約９万7000個の電球が点灯する瞬間は、ぜひ見ておきたい迫力だ。

インド南部のニルギリ山脈に位置する都市、マイソール。この町の中心にあるマイソール宮殿は、国内最大級の規模を誇る壮大な建物だ。十四世紀末〜二〇世紀中頃にかけて、二六代にわたりマイソール王国を治めてきたマハラジャ、ワディヤール一族。宮殿は、このインド有数の大富豪といわれた一族の住居として十四世紀に建設された。

その後、度々の破壊を経て一九一二年に再建された現在の宮殿は、イギリスの著名な建築家ヘンリー・アーウィンが設計したもの。イギリスのゴシック・リヴァイヴァル様式とインドの伝統的なムガル様式が融合した、インド・サラセン様式で建てられており、ドームや塔、アーチを備えた造りが特徴。イスラム、ゴシック、ヒンドゥーなどの様式が混在した美しい装飾は、見ごたえ満点。

現在は博物館として公開されており、絵画や宝石、一族が収集した芸術品などが展示されている。また、日曜・祝日の夜に実施されるライトアップでは、外壁に取り付けられた数万個の電球が宮殿全体を金色に浮かび上がらせ、幻想的な光景が現出する。

大理石の床に精巧な装飾が施された列柱と天井のアーチがどこまでも続く「ダルバール・ホール」(Amith Nag / Shutterstock.com)。

Column 日本の城について

◆姫路城（兵庫）

姫路市街の姫山および鷺山（さぎやま）を中心に築かれた平山城。天正年間には羽柴秀吉により三層の天守が築かれ、慶長年間に池田輝政が大規模な改築を施し、難攻不落の要塞へと強化された。別名「白鷺（はくろ）城」とも呼ばれ、壮大な天守群を中心に幾重にも重なる屋根と白しっくいの城壁が美しく、1993年に世界遺産に登録された。

◆日本における城とは？

日本の城は、古代の環濠集落から石垣や天守をもつ近世の城までを含み、平地や丘陵、山を利用して建てられていた。しかし、古代と中世以降では建築技術や用途が異なり、現在城とイメージされるものは、主に中世～明治時代までに築かれたものを指し、武家や城主が国内の敵対する武力集団から領地を守るための防衛施設だった。

古代、日本では「城」を“き”と読み、「柵」の字が用いられていた。「柵」とは主に、大和朝廷において東北地方の政治行政施設を併用する軍事的防衛施設を意味する。一方、それまで“やまうしろ”と読まれていた山背国が、平安時代初期に山城国に改名されると、次第に“やましろ”と読まれるようになり、そのうち「城」を“しろ”と読むことが定着したといわれている。

中世の城では武士が駐在し、主君は城とは別に居を構えていた。戦国時代になると主君も城内に居住するようになり、城郭の利便性の追求と恒久化から、寺院建築や住宅建築を取り入れ、日本城郭特有の重層な櫓をもった楼閣建築へと発展していく。その結果、城の外観は戦うためのものではなく、内外に城主の権威を示す目的が含まれるようになり、日本独自の形式となった。

◆五稜郭（北海道）

函館山から約6km離れた函館市のほぼ中央に位置する稜堡（りょうほ）式の城郭。江戸時代末期、幕府によって蝦夷（えぞ）地郊外に北方防備のため建てられた。フランス築城方式の五芒星型を採用した西洋式城郭で、国の特別史跡に指定されている。「稜堡」と呼ばれる５つの角の部分に土塁を造って石垣を積み、その外側には水堀を配する充実した防衛設備が特徴。

◆松本城（長野）

戦国時代に信濃守護家である小笠原氏が林城を築城し、その支城のひとつとして建てられた城で、当時は「深志（ふかし）城」と呼ばれていた。その後城主を度々代えるも、1590年の豊臣秀吉による小田原征伐の結果、石川数正が入城し、数正とその子の康長が天守をはじめ城郭と城下町の整備を行なった。現在天守は国宝に、城址は国の史跡に指定されている。

◆首里城（沖縄）

琉球王国時代の城で、沖縄県内最大規模の城（グスク）。14世紀末～明治の琉球処分まで約500年にわたり琉球王国の政治・経済・文化の中心だった。中国の影響を強く受けており、建築物は漆（うるし）で朱塗りされ、装飾には国王の象徴である龍が多用されている。2000年に世界遺産に登録されたが、2019年に火災により正殿と北殿、南殿が全焼。再建が進められている。

世界の美しいお城と宮殿

2020年12月4日　第1刷発行

発行人　松井謙介

編集人　長崎　有

編集担当　早川聡子

発行所　株式会社　ワン・パブリッシング
〒110-0005　東京都台東区上野3-24-6

印刷所　大日本印刷株式会社

企画・編集　EDing Corporation

編集スタッフ　谷伸子・小島優貴・武井誠

デザイン　谷伸子・小島優貴

写真　Shutterstock

校正　こはん商会

【この本に関する各種お問い合わせ先】

本の内容については、下記サイトのお問い合わせフォームよりお願いします。
https://one-publishing.co.jp/contact/
在庫については　Tel 03-6854-3033（販売部直通）
不良品（落丁、乱丁）については　Tel 0570-092555
業務センター　〒354-0045 埼玉県入間郡三芳町上富279-1

ワン・パブリッシングの書籍・雑誌についての新刊情報・詳細情報は、下記をご覧ください。
https://one-publishing.co.jp/